farsi **un**

5.

CW00894225

farsi un'**idea**

Volumi pubblicati:

Lo stato e la politica, *di Paolo Pombeni*
I partiti italiani, *di Piero Ignazi*
Lo sviluppo sostenibile, *di Alessandro Lanza*
Le nuove famiglie, *di Anna Laura Zanatta*
Occupati e disoccupati in Italia, *di Emilio Reyneri*
Gli ebrei, *di Piero Stefani*
Le sette, *di Enzo Pace*
Le buone maniere, *di Valentina D'Urso*
Stereotipi e pregiudizi, *di Bruno M. Mazzara*

Di prossima pubblicazione:

Il governo delle democrazie, *di Augusto Barbera e Carlo Fusaro*
La classe politica, *di Gianfranco Pasquino*

L'economia italiana, *di Ignazio Visco*
Concorrenza e antitrust, *di Alberto Pera*
Il debito pubblico, *di Ignazio Musu*
L'Europa del mercato interno, *di Roberto Santaniello*

Uomini e donne in Italia, *di Chiara Saraceno*
La scuola in Italia, *di Marcello Dei*
Il rendimento scolastico, *di Giancarlo Gasperoni*
Come si cerca lavoro, *di Michele Bruni*
I sondaggi di opinione, *di Renato Mannheimer*

Il governo della Chiesa, *di Gianfranco Brunelli*
Il clero in Italia, *di Marcello Offi*

La felicità, *di Paolo Legrenzi*
L'autostima, *di Maria Miceli*
L'infanzia, *di Luigia Camaioni*
Comunicazione e persuasione, *di Nicoletta Cavazza*
Il conformismo, *di Angelica Mucchi Faina*
La depressione, *di Antonio Alberto Semi*

Emilio Reyneri

OCCUPATI E DISOCCUPATI IN ITALIA

il Mulino

ISBN   88-15-06004-9

Indice

Introduzione   p.   7

1. Chi cerca lavoro?   9

   Una disoccupazione di donne e di giovani. - A confronto con l'Europa. - Le differenze territoriali.

2. I più garantiti: capifamiglia maschi   17

   Un posto di lavoro per famiglia? - Il sistema di protezione contro la disoccupazione. - Le ragioni dell'anomalia italiana.

3. La disoccupazione giovanile   23

   Troppe garanzie per gli occupati? - I giovani in un'economia poco innovativa. - Le diverse aspettative di domanda e offerta.

4. Miti e realtà della disoccupazione intellettuale   34

   La concorrenza tra diversi livelli di istruzione. - La situazione al nord e al sud. - I vantaggi dei più istruiti.

5. La lunga attesa del «posto»   43

   Lavorare e studiare. - Lavoretti e attività precarie. - Il sostegno familiare. - Aspetti sociali ed economici della disoccupazione.

6.   Donne al lavoro   p. 54

Le caratteristiche della partecipazione femminile. - Il
«part time». - I livelli di istruzione. - Lavori «da donna»?
- I perché della segregazione femminile.

7.   Nord-sud: due mercati del lavoro a confronto   67

Dall'emigrazione alla disoccupazione. - Squilibri di oggi
e di domani. - La scarsa mobilità interna. - Perché i
disoccupati non emigrano?

8.   Dall'industria al terziario   78

La «società dei servizi». - Servizi alle imprese e servizi
alle persone. - La riduzione del lavoro manuale. - Mobilità e carriera.

9.   Il lavoro indipendente   89

Una realtà varia e articolata. - Guadagni, orari di lavoro,
età. - Un popolo di microimprenditori? - Lavoro atipico,
temporaneo, interinale.

10. Lavorare senza regole   100

Il lavoro nero. - Il doppio lavoro. - Regolamentare o de-
regolamentare?

11. Le politiche del lavoro   111

La lenta caduta dei vincoli. - Cassa integrazione e nuovi
rapporti di lavoro. - Politiche attive e servizi per l'impiego. - Pubblico e privato nel nuovo collocamento.

Glossario   123

Per saperne di più   127

Introduzione

Tutti i paesi europei sono colpiti dalla disoccupazione e ovunque, mentre tra i lavoratori cresce la presenza femminile, l'occupazione industriale si riduce e aumenta quella nei servizi, si diffondono gli impieghi diversi da quelli a tempo pieno e indeterminato e riprende vigore anche nei contesti più moderni il lavoro nero, che sfugge a ogni regola legale e contrattuale. Poiché queste grandi tendenze a prima vista sembrano comuni, non pochi economisti hanno tratto dalla loro «cassetta» delle teorie interpretazioni e ricette buone per tutti i paesi.

In realtà a un'analisi più attenta, che non badi soltanto alle grandi cifre, ma cerchi di cogliere le reali figure sociali che hanno un lavoro o lo cercano, tutti questi fenomeni assumono aspetti molto differenti secondo le diverse condizioni sociali, culturali e istituzionali di un paese. Come ha detto un grande economista, il mercato del lavoro è un'istituzione sociale e non può essere trattato come quello degli altri beni, senza cioè tener conto della più vasta e complessa società in cui è inserito.

Facendo tesoro di questa poco ascoltata lezione, in undici brevi capitoli con un minimo di dati statistici, mi sono proposto di illustrare le particolari caratteristiche che i disoccupati e gli occupati presentano in Italia negli anni Novanta, e di confrontarle con quanto accade nei principali paesi europei. Mi auguro che un approccio comparativo aiuti a comprendere gli apparenti paradossi che hanno finora impedito un esame realistico dei veri problemi del mercato del lavoro italiano.

Un giorno l'Italia sembra sconvolta da una disoccupazione di massa, il giorno dopo pare che tutti lavorino «in nero». Un giorno si enfatizza l'esplosione delle nuove professioni e delle piccole imprese, il giorno dopo si recrimina sull'arretratezza della struttura occupazionale. Il lettore può essere frastornato da una stampa che riprende acriticamente le opposte opinioni di studiosi che a volte mirano più a stupire, che non a spiegare. La realtà del mercato del lavoro non è però tanto complessa da non poter essere compresa. Basta analizzarla al di fuori degli schemi dell'ideologia politica o economica, e facendo invece attenzione ai fatti, come mi sono proposto.

Altrettanta attenzione ho posto per rendere semplici concetti e ragionamenti senza rinunciare al necessario rigore. Spero di esservi riuscito.

Alla fine del volume vi è un glossario di alcuni termini tecnici, che si consiglia di consultare *durante* la lettura dei diversi capitoli.

1. *Chi cerca lavoro?*

Gli italiani in cerca di lavoro sono poco più di due milioni e mezzo, più o meno quanti sono in Francia e Gran Bretagna (che hanno una popolazione simile), ma, rispetto a questi paesi, sono diversamente articolati. Anche rispetto agli altri paesi europei la disoccupazione italiana si distingue non tanto per un livello superiore alla media, quanto per le caratteristiche che ne fanno un caso quasi unico. Dalla metà degli anni Ottanta il tasso di disoccupazione totale dell'Italia non è molto distante dalla media dell'Unione europea, come peraltro accade alla gran maggioranza dei paesi che ne fanno parte. Tuttavia il rischio di disoccupazione grava in misura di gran lunga differente sulle varie fasce della popolazione: perciò chi cerca un'occupazione in Italia è molto diverso per genere, età, esperienza di lavoro e posizione nella famiglia da chi la cerca in Germania, Francia o Gran Bretagna.

Una disoccupazione di donne e di giovani

Le donne sono più disoccupate degli uomini in ogni paese europeo, tranne che in Gran Bretagna. Ma la differenza tra il tasso di disoccupazione femminile e quello maschile varia in misura notevole, sino a superare gli 11 punti percentuali in Spagna. Dopo la Spagna, l'Italia è il paese ove più forte è la discriminazione verso le donne nella ricerca del lavoro.

Si potrebbe credere che le donne siano più discriminate nei paesi in cui la disoccupazione totale è più elevata – e quindi dovrebbe esser più accesa la concorrenza con gli uomini –, o in quelli in cui il tasso di attività femminile è più alto, pensando in questo caso a una «vendetta» del mercato del lavoro contro un «eccesso» di offerta femminile. Nulla di tutto ciò.

Invece la differenza tra il tasso di disoccupazione delle donne e quello dei maschi è maggiore nei paesi in cui minore è il tasso di occupazione totale e viceversa. Come in Spagna e Grecia, in Italia un basso tasso di occupazione totale (meno del 45%) si combina con un'alta discriminazione verso le donne; mentre in paesi come la Danimarca, la Gran Bretagna e la Germania, ove lavora oltre il 54% della popolazione, lo svantaggio delle donne è molto minore, se non nullo.

Dunque soltanto nei paesi in cui i posti di lavoro non sono un bene molto scarso, le donne vi hanno una buona parità di accesso. Tuttavia, le donne sono più discriminate proprio nelle società più abituate a vedere le donne relegate «a casa». Quindi la loro maggiore disoccupazione crea meno scandalo di quanto accadrebbe in altre società, in cui le aspettative di lavoro extradomestico sono da tempo consolidate. Solo in società con una debole o ancor troppo recente presenza nel mercato del lavoro, come quella italiana e soprattutto quella meridionale, le donne in cerca di un'occupazione possono non essere considerate altrettanto «disoccupate» e fonte di disagio sociale dei maschi.

Netto è il primato dell'Italia quanto alla discriminazione verso i giovani: a tassi di disoccupazione altissimi, inferiori solo a quelli spagnoli, corrisponde invece il minore tasso per i maschi adulti. I giovani e in minor misura gli anziani sono ovunque più colpiti degli adulti dalla disoccupazione, ma nei principali paesi europei l'impatto della disoccupazione per età segue tre modelli molto differenti, come si può vedere nella figura 1.

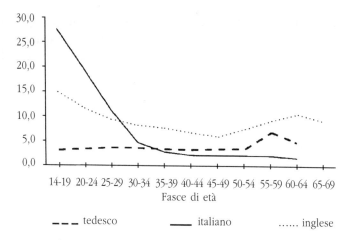

FIG. 1. Tassi di disoccupazione per età in Europa (modelli stilizzati).

L'Italia è un caso estremo del primo modello, valido anche per Spagna, Grecia e Portogallo: il tasso di disoccupazione da livelli altissimi per i giovani scende rapidamente sino a un minimo per i quarantenni e non aumenta quasi per gli anziani.

Invece, dalla fine degli anni Ottanta, in Germania i giovani non sono i soggetti più esposti al rischio di restare in cerca di lavoro: il tasso di disoccupazione è quasi identico per i giovani e gli adulti sino ai 54 anni, mentre molti disoccupati da 55 a 59 anni sono in attesa di prepensionamento. La Germania è stato il paese europeo meno colpito dalla disoccupazione giovanile fin dall'esplosione del fenomeno a metà anni Settanta. Poi, come tutti i paesi europei tranne l'Italia, la Germania è riuscita a ridurre lo squilibrio tra giovani e adulti, sino ad annullarlo. L'attuale modello tedesco è unico, ma pare ormai stabile. Infatti il tasso di disoccupazione, pur essendo molto aumentato dopo l'unificazione, continua a essere lo stesso per giovani e adulti.

Anche negli altri paesi dell'Europa centro-settentrionale lo svantaggio dei giovani è minore che non in Italia e gli anziani sono un po' più colpiti dalla disoccupazione degli adulti, come mostra il terzo modello, rappresentato da Gran Bretagna e Francia: la curva della disoccupazione per età assume una forma «a U molto aperta», con un tasso per i giovani doppio di quello degli adulti (il rapporto italiano è di 1 a 16) e parecchio più elevato per i maschi anziani.

Dunque, i giovani sono di gran lunga più colpiti dalla disoccupazione in Italia e in Spagna. Ma in questi stessi paesi i maschi adulti sono molto meno esposti alla disoccupazione che non in paesi a bassa disoccupazione, come la Germania: si pensi che il tasso di disoccupazione dei quarantenni maschi italiani è poco più della metà di quello dei coetanei tedeschi.

Pure, il grado di discriminazione verso i giovani, dato dalla differenza tra il loro tasso di disoccupazione e quello degli adulti, non dipende dal livello totale della disoccupazione, né dalla diversa importanza dei «nuovi ingressi», effetto di passati *baby boom*, quanto piuttosto dal tasso di occupazione. Anche i giovani sono più penalizzati nei paesi meno capaci di creare posti di lavoro, mentre lo sono molto meno ove l'occupazione è una risorsa meno scarsa. Da un altro punto di vista va rilevato però come proprio nei paesi a minore tasso di occupazione i maschi adulti siano meno colpiti dalla mancanza di lavoro.

Quanto agli anziani, il paese europeo che più li penalizza è di gran lunga la Gran Bretagna, mentre in Italia il loro tasso di disoccupazione è persino inferiore a quello degli adulti. Queste due situazioni estreme possono esser comprese solo nel quadro delle diverse politiche pensionistiche. In Italia è stata a lungo seguita una politica di bassa età di ritiro dal lavoro, accentuata da cospicui prepensionamenti. In Gran Bretagna invece l'età di pensionamento è alta e il livello delle pensioni molto basso. Peraltro in Italia è probabile che non pochi tra coloro che sono andati in pensione prima dei sessant'anni (ben il 72% dei ritiri definitivi alla fine degli anni Ottanta contro poco più del 35% di vent'anni prima) abbiano continuato a lavorare in nero.

Forti differenze nei tassi di disoccupazione per genere ed età fanno sì che con la stessa locuzione di «persone in cerca di lavoro» si indichino in realtà figure sociali molto differenti nei paesi europei. Il fenomeno è largamente trascurato sia quando si discute della gravità della disoccupazione, sia quando si tratta di proporre politiche del lavoro e dell'occupazione.

In Italia le donne sono la gran maggioranza di chi cerca lavoro, benché siano poco più di un terzo degli occupati; per contro in Gran Bretagna le donne non raggiungono il 40%, pur essendo quasi la metà degli occupati. Di gran lunga maggiori sono le differenze per età. In Italia su 10 persone in cerca di lavoro 7 hanno meno di 29 anni, mentre in Germania i giovani non sono neppure 3 su 10 e in Francia e Gran Bretagna 4 o 5. Per contro gli adulti da 30 a 50 anni, che in Italia sono poco più del 20%, in Germania e Francia sono oltre il 40%; e gli ultracinquantenni, che in Italia raggiungono appena il 5%, sono più del 15% in Gran Bretagna e più del 25% in Germania. L'Italia è il paese europeo ove tra le persone in cerca di lavoro minore è la quota degli adulti e maggiore quella dei giovani.

Poiché i giovani sono per lo più in cerca di prima occupazione e gli adulti sono disoccupati che hanno perso un lavoro, l'Italia è anche il paese ove maggiore è la presenza di chi è in cerca di primo lavoro e minore quella dei disoccupati in senso stretto. In Italia soltanto poco più del 10% di chi cerca lavoro ha precedenti esperienze lavorative. Per contro in Francia oltre il 70% sono persone che cercano una nuova occupazione dopo aver perso il lavoro. Ma la percentuale di disoccupati in senso stretto supera il 60% anche in Germania e Gran Bretagna. Né si può pensare che la scarsa presenza dei disoccupati con esperienze di lavoro sia dovuta a un effetto statistico, cioè al fatto che non vengono considerati disoccupati i lavoratori in cassa integrazione. Anche includendo tra i disoccupati i cassaintegrati, la situazione non si avvicinerebbe granché a quella della maggior parte dei paesi europei.

L'Italia è anche il paese europeo con la più elevata quota di disoccupazione di lunga durata: il 65% è in cerca di lavoro da oltre 12 mesi contro una media intorno al 45%. Anche in questo caso di gran lunga i più colpiti sono i giovani, le donne, le persone in cerca di primo lavoro, cioè coloro che già sono più esposti in assoluto al rischio di disoccupazione in Italia.

Dunque il disoccupato italiano è quanto di più lontano dallo stereotipo classico del maschio adulto, che ha perso un lavoro operaio per lo più nell'industria. Anche negli altri paesi europei tale figura, tipica della «grande depressione» degli anni Trenta e del dopoguerra, non è più l'unica, sebbene rimanga la più diffusa soprattutto in Gran Bretagna e Germania. Peraltro questa peculiarità è recente, poiché sino ai primi anni Sessanta anche la disoccupazione italiana era composta per lo più da maschi adulti, che avevano perso un posto di lavoro, benché più in edilizia e in agricoltura che nell'industria.

Le differenze territoriali

Queste caratteristiche della disoccupazione italiana sono attenuate nel centro-nord, il cui tasso di occupazione (intorno al 46-47%) è vicino alla media europea (49-50%), e accentuate nel Mezzogiorno, ove la capacità di creare lavoro è scarsissima (il tasso di occupazione non va oltre il 38-39%). Nel centro-nord entrambe le discriminazioni (verso i giovani e verso le donne) sono minori, e si attestano su livelli simili a quelli della Francia, che in Europa rappresenta una situazione media. Invece nel Mezzogiorno entrambe raggiungono livelli eccezionali e persino «fuori linea» rispetto alla capacità di creare lavoro. La peculiarità del modello italiano è dunque dovuta al solo Mezzogiorno, ove a un tasso di occupazione appena inferiore a quello spagnolo si accompagna una molto più alta capacità di proteggere dal rischio di disoccupazione i maschi adulti a scapito delle donne e dei giovani. Non esiste un altro sistema sociale in cui si sia consolidato uno squilibrio così forte.

Nel centro-nord la curva dei tassi di disoccupazione per età (come quella vista nella figura 1) segue un andamento del tutto simile a quello francese, con una sola eccezione. Il tasso di disoccupazione dei maschi adulti risulta straordinariamente basso, sempre inferiore al 2% anche nei periodi di congiuntura sfavorevole, una situazione che non esiste in nessun altro paese europeo. Dunque una «moderata» discriminazione verso i giovani e le donne consente all'Italia centrosettentrionale di raggiungere di fatto il pieno impiego per i maschi adulti.

Invece nel Mezzogiorno la discriminazione, pur crescendo oltre ogni limite, non ha consentito di conservare quel livello prossimo al pieno impiego che pure i maschi adulti avevano mantenuto sino alla fine degli anni Settanta. Ancora nel 1980 il tasso di disoccupazione dei maschi adulti non supera l'1,7%, poi aumenta sino oltre il 6% nel 1989, per raggiungere l'8% a metà degli anni Novanta. Nelle regioni meridionali dagli anni Ottanta è andata crescendo un'area di disoccupazione maschile adulta, anche se, per aver un termine di riferimento, va notato che negli stessi anni il tasso di disoccupazione dei maschi adulti oscilla su valori simili in paesi come la Francia, la Gran Bretagna e persino la Germania.

Ma se nel Mezzogiorno la disoccupazione «si limita» a colpire i maschi adulti a livello francese o inglese, la situazione per i giovani è drammatica. Per le donne, con tassi del 70% dai 14 ai 19 anni e del 60% dai 20 ai 24 anni, si deve parlare di esclusione sociale. Se ancora poche giovani meridionali cercano un lavoro extradomestico, pochissime lo trovano. E soltanto di 20 punti percentuali sono inferiori i tassi di disoccupazione dei giovani maschi, gran parte dei quali riesce a trovare il loro primo lavoro sempre più avanti negli anni. L'«invecchiamento nella disoccupazione» spiega gran parte dell'aumento del tasso di disoccupazione dei maschi adulti.

Nel centro-nord per i maschi adulti vi è il pieno impiego, tuttavia anche nel Mezzogiorno i maschi adulti, pur avendo raggiunto dalla metà degli anni Ottanta un elevato livello di disoccupazione, quasi scompaiono di fronte all'enorme massa di giovani in cerca di primo lavoro. Nel Mezzogiorno, come nel centro-nord, solo una persona in cerca di lavoro su dieci rientra nella figura tradizionale del capofamiglia disoccupato, tutti gli altri essendo giovani o donne, e per lo più giovani donne.

Nel Mezzogiorno è ancora minore la quota di disoccupati in senso stretto a fronte di una sempre più schiacciante prevalenza di persone in cerca di primo lavoro. E il divario con il centro-nord è andato crescendo dalla metà degli anni Ottanta, quando la disoccupazione settentrionale ha cominciato a diminuire, sia pur lentamente e con un arresto dopo la crisi del 1992, mentre quella meridionale ha accentuato la sua crescita. Nel centro-nord la riduzione della disoccupazione si deve tutta alle persone in cerca di primo lavoro: oltre al calo demografico, è più facile per i giovani trovare un'occupazione, che però spesso è precaria; quindi non pochi si ritrovano a dover cercare un nuovo lavoro, diventando così dei disoccupati in senso stretto. Invece nel Mezzogiorno, le difficoltà del primo inserimento non sono state intaccate, anzi sembrano accresciute. Perciò una fascia sempre più ampia di giovani meridionali entra nella vita adulta senza aver mai avuto un'esperienza lavorativa significativa, tale da poter essere percepita come una vera e propria occupazione e non uno dei tanti «lavoretti» occasionali e mal pagati. Soprattutto nelle grandi aree urbane del Mezzogiorno l'attesa del primo lavoro ha assunto una dimensione drammatica e rischia di «segnare» per sempre gli atteggiamenti e i valori di alcune generazioni.

GRANT & CUTLER LTD
FOREIGN BOOKSELLERS
VAT No 238 9687 02
TEL 0171-734 2012

31•12•98

```
                2   Q
            1•49   @
12      *2•98
    17•50%        I
        *0•52
03      *9•99
    *13•49        ST

    *13•49        TL
    *20•00        ←
    *6•51         →

000№7809         I
    14:49
```

2. I più garantiti: capifamiglia maschi

In tutti i paesi europei i capifamiglia sono relativamente più «protetti» dal rischio di disoccupazione rispetto al coniuge e ai figli che vivono in famiglia, ma tale fenomeno raggiunge in Italia livelli estremi, come era facile prevedere dato il basso tasso di disoccupazione dei maschi adulti, che costituiscono la quasi totalità dei capifamiglia.

La posizione in seno alla famiglia della persona in cerca di lavoro è importante poiché influisce sulle sue risorse psicologiche oltre che economiche. La situazione di chi è unico sostegno della propria famiglia non è certo la stessa di un giovane che vive con i genitori, uno dei quali almeno ha un reddito da lavoro o da pensione.

Un posto di lavoro per famiglia?

In Italia nel 1991, con un tasso totale di disoccupazione sul 10%, neppure il 2% dei capifamiglia era in cerca di lavoro contro più di un quarto dei giovani che vivevano con i genitori; mentre in Gran Bretagna, con un tasso totale di poco inferiore al 9%, era disoccupato quasi il 7% dei capifamiglia contro meno del 13% dei figli. In Germania il tasso di disoccupazione superava appena il 4%, ma per i capifamiglia il rischio di restare senza lavoro era ben una volta e mezzo quello dei capifamiglia italiani, mentre molto bassa era la vulnerabilità alla disoccupazione per i giovani che vivevano in famiglia.

Per spiegare tali differenze, ancor più rilevanti di quelle messe in luce dalla discriminazione per genere ed età, occorre tenere presente che l'età di uscita dei giovani dalla famiglia di origine è in Italia più elevata che negli altri paesi europei, dove si comincia a vivere da soli in età ben più giovane e anche prima di sposarsi. Dei giovani da 16 a 24 anni vivono «in famiglia» quasi il 90% degli italiani contro il 60% dei francesi, poco più della metà dei tedeschi e neppure il 47% degli inglesi.

Su 100 persone in cerca di occupazione in Italia la gran maggioranza è costituita da figli che vivono con i genitori, mentre i capifamiglia non raggiungono il 13%. Invece in Gran Bretagna e soprattutto Germania oltre il 40% delle persone in cerca di lavoro sono capifamiglia. La presenza di capifamiglia risulta importante in Germania (oltre 30%) e discreta in Gran Bretagna e Francia (intorno al 15%) anche tra chi è in cerca di primo lavoro, poiché in questi paesi molti giovani escono dalla famiglia ancora prima di avere trovato un lavoro. Ciò è raro invece in Italia, ove quasi non esistono giovani soli in cerca di primo lavoro.

I giovani in cerca di lavoro, finché rimangono in famiglia, vi trovano quasi sempre un sostegno di reddito. Ciò è evidente soprattutto in Italia, ove pochi capifamiglia sono disoccupati. Sempre elaborando i dati sulle indagini delle forze di lavoro del 1991, risulta che il paese in cui meno frequenti sono i casi di figli che vivono in famiglie senza alcun reddito, né da lavoro né da pensione, è proprio l'Italia (appena l'1,1%), seguita dalla Germania (1,3%), benché il tasso di disoccupazione italiano sia più che doppio di quello tedesco. Tali situazioni critiche sono più diffuse (oltre il 3%) in paesi, come Gran Bretagna e Francia, con tassi di disoccupazione inferiori a quello italiano.

In Italia, come negli altri paesi dell'Europa meridionale con un'alta disoccupazione giovanile, prevalgono le situazioni in cui il capofamiglia occupato o pensionato mantiene a lungo figli inattivi o in cerca di lavoro. Invece nei paesi dell'Europa centrosettentrionale, con minore disoccupazione giovanile, i pochi figli con più di 15 anni che vivono ancora in famiglia sono molto più spesso occupati, come il proprio capofamiglia. Equamente diffusi, seppur poco frequenti, risultano infine i casi in cui il figlio occupato sostiene un capofamiglia disoccupato o pensionato.

Ancora una volta le differenze nord-sud sono nette, ma lo scenario è simile. Il tasso di disoccupazione dei maschi sposati nel centro-nord non supera l'1,5%, mentre nel Mezzogiorno da poco più dell'1,5% all'inizio degli anni Ottanta cresce sino a sfiorare l'8% a metà anni Novanta. Tuttavia la crescita della disoccupazione dei capifamiglia nel Mezzogiorno risulta molto attenuata qualora si prenda in considerazione la loro quota sul totale delle persone in cerca di lavoro. A fine anni Settanta tale quota era di pochissimo superiore a quella del centro-nord, che poi rimane stabile intorno all'8%, mentre nel Mezzogiorno continua a crescere sino a raggiungere il 13-15%. Così, anche se si è andata costituendo una non piccola area di capifamiglia senza lavoro, con tutte le sue gravi implicazioni economiche e sociali, quest'area resta comunque largamente minoritaria e non molto più ampia di quella rilevata nel centro-nord, ove i capifamiglia sono invece in condizione di pieno impiego.

Il sistema di protezione contro la disoccupazione

In Italia, se la gran maggioranza delle persone in cerca di lavoro è mantenuta grazie al sostegno familiare, in quanto sono figli che vivono con i genitori, almeno uno dei quali (di regola il padre) ha un reddito da lavoro o da pensione, invece i relativamente pochi capifamiglia disoccupati sono spesso privi di ogni sostegno, poiché l'intervento pubblico per le persone senza lavoro è ridotto, casuale e non prevede alcuna misura specifica a loro favore. Tutto il contrario di quanto accade nei paesi dell'Europa centrosettentrionale, ove la disoccupazione colpisce in misura ben maggiore i maschi adulti capifamiglia.

Il sistema italiano di protezione contro la disoccupazione è infatti un caso unico nei paesi europei sviluppati sia per la sua scarsa copertura, sia per la sua anomala configurazione. Dalle indagini sulle forze di lavoro risulta che in Italia neppure un quarto delle persone in cerca di lavoro riceve sussidi pubblici, mentre il grado di copertura va dal 45% al 65% in paesi quali la Germania, la Francia e la Gran Bretagna, che concedono sostegni di reddito più alti e soprattutto più a lungo e per tutti.

Nell'Europa centrosettentrionale chi perde un'occupazione riceve per un certo periodo (sino a due anni) un'indennità di disoccupazione proporzionale all'ultima retribuzione (tra il 60% e l'80%, tranne che in Gran Bretagna ove è molto inferiore). Se allo scadere dell'indennità, il disoccupato non ha ancora ritrovato un lavoro e dimostra che la sua famiglia vive in condizioni di bisogno, perché nessun familiare è occupato, ha diritto a un più ridotto sussidio a tempo indeterminato, variabile secondo la composizione della famiglia.

Invece in Italia non solo non esistono sistemi di garanzia del reddito in caso di bisogno della famiglia, ma chi perde il lavoro non ha diritto a una seria indennità di disoccupazione. Se si escludono i pochi «fortunati» delle grandi e medie imprese che hanno accesso per parecchi anni alla cassa integrazione e poi all'indennità di mobilità, tutti gli altri ricevono per soli 6 mesi un'indennità di disoccupazione che ora ha raggiunto il 30% dell'ultima retribuzione, ma che a lungo è stata irrisoria. Nessun altro paese europeo ha un trattamento della disoccupazione così «polarizzato» tra una ristretta fascia di iperprotetti e una gran maggioranza di lavoratori abbandonati a se stessi. E nello stesso tempo così a buon mercato, poiché, come si dirà nel capitolo undicesimo, l'Italia è il paese europeo sviluppato che spende meno per le politiche di sostegno del reddito.

Inoltre in Francia, Germania e Gran Bretagna il grado di copertura dei sussidi pubblici diventa quasi totale quando chi cerca lavoro è un capofamiglia maschio, che si presume sia in condizioni di maggior bisogno poiché è più probabile abbia delle persone a carico. La casualità del sistema italiano invece fa sì che il grado di copertura dei capifamiglia sia altrettanto basso di quello degli altri disoccupati. I capifamiglia italiani in cerca di lavoro non trovano alcun aiuto particolare, se non in modo surrettizio nelle pensioni precoci o, fino a qualche anno fa, in quelle di invalidità, e sono costretti a ritrovare subito un'occupazione. Ciò contribuisce a spiegare perché siano pochi, mentre altrove i capifamiglia «assistiti» possono restare più a lungo in cerca del lavoro.

Le ragioni dell'anomalia italiana

Dunque nei paesi dell'Europa centrosettentrionale, ove le persone in cerca di lavoro sono per lo più maschi adulti, cioè capifamiglia, è l'intera collettività che paga la disoccupazione attraverso il sistema fiscale, perché quasi tutti costoro ricevono sussidi pubblici. In Italia invece, dove le persone in cerca di lavoro sono per lo più giovani che vivono con i genitori, il salato costo della disoccupazione è pagato dalle famiglie. Per loro fortuna quasi sempre il capofamiglia è occupato o pensionato, e anzi spesso assomma più redditi, poiché il doppio lavoro è molto più diffuso proprio tra i capifamiglia.

In un sistema economico e politico quale quello italiano, che crea poca occupazione e non pare intenzionato a destinare molte risorse pubbliche per sostenere le persone prive di lavoro, può risultare meno traumatico «scaricare» la disoccupazione sulle donne e sui giovani, che possono fondare la propria identità sociale al di fuori del mercato del lavoro e quindi subire l'esclusione dall'occupazione senza conflitti o tensioni. Infatti senza lavoro una donna può diventare una «casalinga» e un giovane rimanere uno «studente», mentre un maschio adulto è sempre e comunque un disoccupato.

Inoltre si può pensare che, quando l'occupazione è una risorsa scarsa, occorra sia almeno «equidistribuita» perché vi sia un buon grado di pace sociale. Un modo semplice e sicuro perché ciò accada è che l'occupazione sia concentrata sui capifamiglia: così quasi tutte le famiglie potranno contare su un reddito da lavoro. Altrimenti vi è il forte rischio che alcune famiglie abbiano più di un occupato e altre nessuno, restando prive di mezzi di sostegno in assenza di un sistema mirato di garanzia del reddito. Quando invece l'occupazione è una risorsa relativamente abbondante e per di più i disoccupati sono largamente assistiti, tale rischio è molto minore. In questo caso, anche una certa disoccupazione dei capifamiglia può essere compatibile con una situazione di pace sociale, poiché è più probabile sia occupato un altro membro della famiglia e il reddito familiare sia in ogni caso assicurato.

Tale scenario appare ben illustrato dalla contrapposizione tra il caso italiano e quello tedesco. In Italia la scarsa capacità di creare occupazione comporta un'altissima disoccupazione giovanile, ma la situazione dei maschi adulti e dei capifamiglia è prossima al pieno impiego; mentre in Germania l'abbondanza della risorsa occupazione ha annullato ogni discriminazione verso i giovani, ma il livello di disoccupazione dei maschi adulti e dei capifamiglia è superiore a quello italiano. Però il fatto che in Italia non possano contare su un serio sistema di protezione del reddito, rende molto più difficile la posizione dei capifamiglia disoccupati. Così, quando non sono più tanto pochi, come da qualche anno nel Mezzogiorno, si aggrava drammaticamente il rischio della povertà, che sembrava non interessare ormai più una disoccupazione quasi tutta di giovani e donne.

3. La disoccupazione giovanile

Il fatto che in Italia la disoccupazione si concentri sui giovani in cerca di primo lavoro viene a volte semplicemente attribuito a un «eccesso» di ingressi sul mercato del lavoro, che ingolferebbe la coda dell'attesa di un'occupazione stabile. Tale spiegazione si fonda sulla nota ipotesi che vi sia uno stock di occupati che non perdono mai il lavoro, perché garantiti dalla legislazione del lavoro e dal potere sindacale (gli *insiders*) i quali sbarrano l'accesso alle nuove generazioni (gli *outsiders*). La causa dell'altissima disoccupazione giovanile starebbe nelle eccessive garanzie che tutelano l'occupazione in Italia più che negli altri paesi europei. Ma l'immagine dell'occupazione come «fortezza», dalla quale gli adulti uscirebbero soltanto per andare in pensione e nella quale per i giovani sarebbe molto difficile entrare, non corrisponde alla realtà.

Troppe garanzie per gli occupati?

Sono stati costruiti indici di sicurezza dell'occupazione fondati sulla legislazione per vedere quali effetti abbiano sulla persistenza della disoccupazione. L'Ocse, l'organizzazione per la cooperazione economica cui aderiscono i maggiori paesi occidentali, ha osservato che esiste una certa relazione tra legislazione e disoccupazione soltanto considerando anche paesi extraeuropei come gli Stati Uniti, il Canada e il Giappone, dove a livelli di sicurezza molto bassi si accompagna una bassa disoccupazione di lungo periodo, ma non in Europa, dove vi sono differenti tassi di disoccupazione di lungo periodo anche in paesi con legislazioni simili. Mai comunque è stata esaminata l'ipotesi di una relazione con il grado di penalizzazione delle persone in cerca di primo lavoro. Altri indici appaiono discutibili, perché fondati sulla soggettiva percezione degli imprenditori, che può essere distorta dal clima politico nazionale, o perché può essere molto diversa la quota delle piccole imprese, che di fatto spesso eludono le regole vigenti, per rigide che siano.

Ma il punto decisivo è che non necessariamente una scarsa presenza di disoccupati per aver perso il posto di lavoro indica che sia difficile perdere il lavoro. Infatti ciò può dipendere dal fatto che per loro sia facile ritrovarlo in tempi brevi, poiché la stima statistica delle persone in cerca di lavoro nel corso di un anno dipende anche dalla durata della ricerca. Occorre quindi avere informazioni dirette sul *turnover*, cioè sul tasso di rotazione, che misura il volume dei licenziamenti e delle assunzioni rispetto all'occupazione.

Ora, sempre secondo un autorevole studio dell'Ocse, i dati sul *turnover* rivelano con grande sorpresa che l'industria e i servizi privati in Italia presentano livelli di rottura dei rapporti di lavoro del tutto simili a quelli degli altri paesi sviluppati. Ciò si spiega con il fatto che nella struttura occupazionale italiana prevalgono molto più che in altri paesi le piccole e piccolissime imprese, che fanno un uso estremamente flessibile della forza lavoro e nascono e muoiono con grande frequenza.

In Italia, il paese ove gli *outsiders* sono più penalizzati nella ricerca del primo lavoro, la protezione istituzionale degli *insiders*, cioè di chi è riuscito ad avere un posto, può anche essere importante, ma non va oltre un'area abbastanza ristretta. Infatti, come si dirà più avanti, il peso del pubblico impiego sull'occupazione totale è in linea con quello dei maggiori paesi europei e la quota attribuibile alle grandi imprese private è molto minore. Dalla metà degli anni Ottanta è stata anche prima allentata e poi abolita la regola che imponeva alle imprese di assumere le persone in cerca di lavoro senza poterle scegliere, regola che di fatto favoriva l'assunzione nominativa degli occupati direttamente da altre imprese. Ma il rapporto tra giovani in cerca di primo lavoro e disoccupati in senso stretto non si è ridotto di molto.

Da tutto ciò si può concludere che sul mercato del lavoro esiste un'accesa competizione tra le nuove leve giovanili che vi entrano per la prima volta e i non pochi adulti già occupati che perdono il posto di lavoro. Il forte squilibrio tra disoccupazione dei giovani e degli adulti si deve quindi all'esito di questa competizione, del tutto sfavorevole ai giovani, che restano molto a lungo in cerca del primo lavoro, e favorevole agli adulti che riescono rapidamente a trovare un'altra occupazione. Invece di ricorrere a supposte rigidità istituzionali, giuridiche o sindacali, occorre spiegare quali fattori congiurano nel rendere i giovani meno «occupabili» degli adulti.

I giovani in un'economia poco innovativa

Diverse ipotesi sono state avanzate a questo proposito, per lo più considerando un singolo paese e l'andamento nel tempo della discriminazione verso i giovani. In un'ottica comparativa è necessario vedere come tali ipotesi siano in grado di render conto del diverso grado di penalizzazione nei paesi europei e della relazione con la differente capacità di creare occupazione.

Si suole spesso attribuire la minore occupabilità dei giovani al fatto che le imprese non trovano alcuna convenienza ad assumerli quando le loro retribuzioni non sono tanto più basse da compensare la loro minore produttività. Perciò la penalizzazione relativa dei giovani crescerebbe se i differenziali retributivi diminuissero, e sarebbe maggiore nei paesi in cui questa differenza fosse minore. È vero che in alcuni paesi la riduzione del ventaglio salariale è stata accompagnata da un aumento della disoccupazione giovanile e che sino alla metà degli anni Ottanta la disoccupazione giovanile è stata maggiore nei paesi ove minore era la flessibilità retributiva. Poi però i contratti di formazione lavoro e i salari di ingresso hanno notevolmente riaperto il ventaglio retributivo per età, soprattutto nei paesi, come l'Italia, in cui più si era ridotto. Ma l'esito non è stato pari alle attese e solo in piccola misura i giovani neoassunti hanno sostituito gli adulti.

Tuttavia l'aspetto più intrigante di questa ipotesi è che si dà per scontata una minore produttività dei giovani rispetto agli adulti, anche quando i giovani sono molto più istruiti e quindi dovrebbero essere più «produttivi» secondo la teoria del capitale umano, che collega le capacità lavorative al livello di conoscenze. Nessun economista pensa che le imprese siano in grado di misurare preventivamente le potenzialità produttive di una persona, se non nei pochi casi in cui assumono lavoratori di alto livello dopo processi di selezione complessi e costosi. Per lo più le imprese fondano le proprie scelte su «segnali» di ordine molto generale (dall'età al genere, dal tipo di scuola all'ambiente di origine), cui è attribuita una capacità predittiva dei comportamenti sul lavoro. Si tratta della discriminazione statistica, per cui una persona è giudicata in base alle supposte caratteristiche tipiche del gruppo cui appartiene. Occorre perciò capire perché si sia affermato lo stereotipo del giovane «meno produttivo», quando sarebbe ben potuto accadere il contrario se si pensa alle doti di entusiasmo, preparazione di base, capacità di apprendere e di far fronte a situazioni nuove che avrebbero potuto connotare in modo positivo il «segnale» della giovane età.

Innanzitutto sono importanti le caratteristiche qualitative della domanda di lavoro. Ovviamente se prevale il requisito dell'esperienza, i giovani, che non ne hanno ancora, sono gravemente svantaggiati. Tale requisito è importante nei sistemi produttivi con una scarsa innovazione tecnologica, ma anche organizzativa, nei quali ciò che più conta è la memoria del passato, mentre hanno scarsa utilità le conoscenze teoriche che consentono di affrontare il continuo cambiamento. Sarà dunque un'economia ben poco dinamica quella che preferirà i lavoratori in età matura ai giovani. Non a caso il ricambio generazionale verificatosi in alcuni settori industriali nella seconda metà degli anni Ottanta è stato posto in relazione ai profondi processi di ristrutturazione di tali settori. Tuttavia un'economia poco dinamica non crea molta occupazione ed ecco quindi un collegamento più concreto (ma negativo) tra discriminazione verso i giovani e livello dell'occupazione.

Le imprese a gestione più tradizionale danno anche spesso molta importanza a qualità del lavoratore come l'affidabilità e la piena disponibilità, che ritengono di poter cogliere da un segnale quale l'esser coniugato e avere responsabilità familiari. Viene così preferito il lavoratore «posato» o *sérieux*, secondo le indagini francesi sui criteri di selezione, o il tipico «marito con due figli e un mutuo per la casa» di quelle inglesi.

Non si tratta solo del matrimonio come indicatore di maturità psicologica e di normalità sociale. Per chi ha famiglia a carico perdere il posto comporta più rischi che non per un giovane, che può contare sul sostegno dei genitori. Questa condizione lo predispone a «erogare» la propria prestazione lavorativa con minori resistenze e ad assoggettarsi più facilmente ai dettami dell'organizzazione produttiva. Per comprendere i criteri di assunzione occorre tenere conto anche delle previsioni dell'impresa sul successivo comportamento dei lavoratori, che, in mancanza di conoscenze dirette, si possono fondare sull'età e la posizione familiare. I capifamiglia adulti saranno perciò particolarmente preferiti ai giovani quando si può supporre che siano molto deboli e quindi molto propensi ad accettare le pressioni delle imprese. E la loro posizione è più debole nei paesi, come l'Italia, in cui un basso livello dell'occupazione offre scarse possibilità di trovare un altro posto di lavoro e la carenza del sistema assistenziale impedisce a chi è l'unica fonte di reddito familiare di aspettare a lungo la buona occasione.

Pudicamente questo problema viene celato sotto il termine di socializzazione al lavoro, di cui sarebbero privi anche i giovani con una lunga storia di «lavoretti». Nelle ricerche sulla disoccupazione giovanile si nota come i giovani continuino a imputare le proprie difficoltà a trovare un'occupazione stabile alla mancanza di esperienza, anche quando in realtà qualche lavoro precario l'hanno già avuto. Ciò viene spiegato con il fatto che non tutte le esperienze di lavoro risultano formative e quindi molti giovani rischiano di cadere nel circolo vizioso dei lavoretti instabili e poveri di contenuti qualificanti. Ma si può pensare che invece il difetto delle attività saltuarie sia quello di non fornire un'adeguata socializzazione al lavoro organizzato e continuo. Inoltre i lavoretti non possono mutare la condizione personale dei giovani, che restano privi della maturità e delle responsabilità familiari, segnali tanto richiesti dalle imprese alla ricerca di affidabilità e subordinazione. Tali risorse sono risultate scarse tra i giovani negli anni Settanta e per buona parte degli anni Ottanta anche per la crisi del sistema formativo.

Il compito di «disciplinare» i giovani prima dell'ingresso nel mercato del lavoro era tradizionalmente affidato alla scuola. Tra le classiche funzioni latenti della scuola vi erano non solo quella di educare al rispetto delle regole della convivenza sociale, ma anche quella di abituare al comportamento organizzato e costrittivo (la disciplina, l'orario) e alla deferenza verso l'autorità costituita. Tuttavia dal '68 sino ai primi anni Ottanta queste funzioni si sono incrinate. Nelle scuole superiori e nelle università erano diffusi procedure selettive lassiste e comportamenti «contestatori» degli studenti ispirati a ideologie antiproduttive e conflittuali; sicché era diventato difficile tentare di applicare la disciplina della fabbrica o degli uffici a giovani che avevano vissuto molti anni di una scuola simile. Non v'è da stupirsi che questa situazione sia più acuta in Italia, ove è molto scarsa la risorsa occupazione, poiché la consapevolezza che la scuola non sia più in grado di assicurare un adeguato sbocco lavorativo ne incrina profondamente tutte le funzioni, palesi e latenti. Ciò avvia un circolo vizioso che alimenta la penalizzazione dei giovani, avvantaggiando agli occhi delle imprese lo stereotipo dell'adulto «posato» e affidabile.

D'altro canto il privilegio dei maschi adulti e capifamiglia è sostenuto anche dal sindacato e dall'opinione pubblica, nonostante i proclami contro la disoccupazione giovanile. Quando la risorsa occupazione è scarsa, è inevitabile un suo razionamento, e ciò comporta dei criteri di scelta. Se nel mercato del lavoro vigono criteri economici, in altri ambiti (quali le ammissioni alle prestazioni sanitarie, l'assegnazione di case popolari, la concessione di una borsa di studio o un permesso di immigrazione) i differenti criteri di scelta devono essere socialmente condivisi. Il fatto che tale consenso possa essere implicito ne conferma la forza; d'altronde, spesso le persone sono selezionate secondo criteri di cui gli stessi autori della scelta sono poco o nulla consapevoli.

Mentre nel sistema di relazioni industriali americano ha un ruolo centrale l'anzianità di servizio, in Italia i carichi familiari hanno un posto rilevante tra i criteri previsti dalla legge e dai contratti sindacali per i licenziamenti collettivi o la «messa in mobilità». Per le assunzioni, i carichi familiari sono tenuti in gran considerazione nelle graduatorie del pubblico impiego e lo erano nel vecchio sistema in cui di regola si doveva assumere per numero e non per nome. Forte è inoltre l'impressione che sul piano informale il sindacato tenda a esercitare una più che discreta pressione a favore dei maschi adulti, soprattutto se capifamiglia, incontrando facile accoglienza nelle imprese. Ed è fondato supporre che faccia molto più scandalo nell'opinione pubblica un capofamiglia senza lavoro piuttosto che un giovane o una donna, soprattutto se l'occupazione è una risorsa scarsa. A monte vi è una scelta implicita, che però meriterebbe di essere discussa apertamente se non altro per ricordare le legittime esigenze che sono così sacrificate, dalla costruzione dell'identità sociale per i giovani all'autonomia delle donne.

Le diverse aspettative di domanda e offerta

Per spiegare la maggiore vulnerabilità alla disoccupazione dei giovani sono state avanzate anche altre ipotesi, legate allo sfasamento qualitativo tra le esigenze della domanda di lavoro da un lato e le capacità e le aspirazioni dei giovani dall'altro. L'attenzione è stata posta sugli aspetti tecnico-professionali di questo sfasamento, con accuse al sistema formativo di fornire una preparazione troppo astratta, remota dalle realtà del mondo del lavoro e quindi poco fruibile. Ne è risultata in Italia una forte pressione ad accentuare il taglio specialistico della formazione nel tentativo di produrre diplomati e laureati «pronti all'uso», cioè da inserire immediatamente in specifiche funzioni lavorative senza bisogno di ulteriori interventi formativi in impresa.

Questo tentativo però si sta rivelando l'illusorio frutto di un'errata lettura dei reali bisogni del sistema produttivo. È vero che dalle imprese per lo più viene segnalato il bisogno di figure professionali specifiche; tuttavia la prassi dell'inserimento dei giovani senza esperienza rivela che si punta essenzialmente sulla preparazione di base per costruire poi «sul lavoro» le competenze necessarie. Alle imprese non interessano tanto specialismi obsoleti, poiché la dinamica della scuola è necessariamente più lenta di quella del sistema produttivo, ma interessano piuttosto l'educazione ad apprendere e una salda e vasta preparazione di base, sulla quale poter innestare i propri interventi di adattamento e specializzazione.

L'aspetto più importante e critico dello sfasamento tra scuola e domanda di lavoro è invece più sociologico che non tecnico-professionale. Oltre a fornire nozioni e modi di ragionare, la scuola crea negli studenti e nelle loro famiglie aspettative sui ruoli lavorativi, poiché a ogni livello del sistema scolastico sono associati posti di lavoro cui si ritiene legittimo aspirare. I problemi sorgono quando a una rapida crescita dei livelli di istruzione delle nuove generazioni non corrisponde un'altrettanto rapida crescita delle fasce alte della gerarchia occupazionale. Ciò frustra le attese dei giovani più istruiti, che pensano ancora di poter accedere a posizioni ritenute consone al titolo di studio soltanto fino a pochi anni prima, quando l'istruzione superiore era appannaggio di ristrette *élites*. Potendo contare sul sostegno familiare, questi giovani non si adattano a lavori inferiori alle attese, ma restano anche a lungo in attesa del posto cui ritengono di aver «diritto», finché le loro aspettative hanno successo o, più spesso, si ridimensionano.

In tal caso la maggiore vulnerabilità alla disoccupazione di molti giovani sarebbe causata dalla loro resistenza a declassare le proprie aspettative lavorative. D'altronde pure le imprese sono restie ad assumere giovani ritenuti troppo istruiti, poiché ne temono non tanto le eccessive pretese, quanto la scarsa motivazione. La disoccupazione dovrebbe perciò colpire in maggior misura i giovani istruiti e il fenomeno essere più marcato nei paesi in cui più rapida è stata la crescita della scolarità e maggiore è il rilievo anche simbolico dei titoli di studio. Così si spiega perché la disoccupazione intellettuale abbia interessato in maggior misura l'Italia e in particolare il Mezzogiorno, come si vedrà nel prossimo capitolo. Per contro il paese ove la disoccupazione giovanile è quasi scomparsa, la Germania, vi è riuscito grazie anche a un sistema formativo particolare, che ha impedito che tale squilibrio delle aspettative si potesse formare. Infatti il successo della formazione duale, che si fonda sull'alternanza scuola-lavoro, non si deve solo alla stretta integrazione tra apprendimento teorico ed esperienza pratica, ma anche al fatto di aver dato grande dignità sociale al lavoro operaio altamente specializzato, rendendolo compatibile con un'istruzione tecnica superiore non relegata in posizione subordinata rispetto agli altri percorsi formativi.

Altro pregio del sistema tedesco è di aver sviluppato salde «reti istituzionali» con le imprese in modo da poter fornire loro «segnali» comprensibili e affidabili sulle caratteristiche e sulle capacità dei giovani in cerca di primo lavoro. Queste reti hanno assunto un ruolo importante a causa della maggiore mobilità lavorativa tra le generazioni. Un tempo, quando l'accesso al lavoro era dettato dall'appartenenza di ceto e dalla tradizione familiare, quelle che contavano erano le relazioni dei genitori e dei parenti. Era il padre o lo zio che accompagnava il ragazzo in un'officina in cui era conosciuto e garantiva per la sua buona disposizione. Il passaggio del posto di lavoro di padre in figlio era prassi non rara nelle imprese più tradizionali, a volte recepita in accordi aziendali. Con la crescita dell'istruzione e il rapido mutamento della struttura occupazionale dall'industria ai servizi, la transizione al lavoro è diventata più aperta, ma anche più incerta, e le conoscenze dei genitori e dei parenti non sono più servite a entrare in «contatto» con la domanda di lavoro; almeno per una fase storica, poiché vi sono sintomi di ritorno a forme di ereditarietà delle posizioni lavorative.

La scuola potrebbe sostituirsi alla famiglia in questo compito di stabilire relazioni tra i giovani senza esperienze lavorative e il sistema produttivo. Di fatto ciò avviene su base personale per iniziativa di alcuni insegnanti, presidi o scuole anche in paesi come l'Italia, dove poco o nulla è previsto formalmente. Ma senza dubbio i risultati sono migliori quando vi sono legami stabili e diffusi tra scuola e imprese. In questo caso la giovane età può non essere considerata un segnale genericamente negativo.

Questi ultimi fattori di penalizzazione dei giovani, dallo squilibrio tra aspettative e struttura della domanda di lavoro, alla transizione scuola-lavoro, non paiono legati direttamente alla scarsità della risorsa occupazione, come potevano esserlo gli altri. Ma i ritardi nello sviluppo dell'istruzione superiore e la scarsa cura posta ai suoi rapporti con il sistema produttivo possono essere stati frutto della disattenzione di un sistema sociale e politico, preoccupato solo della disoccupazione degli adulti. Qualora l'occupazione fosse stata meno scarsa, forse vi sarebbero state maggiori risorse da investire sul sistema formativo e minori sarebbero stati quegli sfasamenti che hanno avuto effetti discriminanti verso i giovani.

Dunque, per ridurre la disoccupazione giovanile occorre soprattutto creare più occupazione e sviluppare il grado di innovazione del sistema produttivo. Le garanzie per gli adulti anzi dovrebbero migliorare con l'istituzione di un serio sistema di protezione del reddito in caso di bisogno, abolendo l'iperprotezione della cassa integrazione. La mobilità tra *insiders* e *outsiders* può crescere soltanto quando un'adeguata indennità di disoccupazione consentirà a tutti gli *insiders* che perdono il lavoro di non esser costretti a ritrovarne uno immediatamente.

4. *Miti e realtà della disoccupazione intellettuale*

In Italia si pone spesso l'accento sul carattere intellettuale della disoccupazione, poiché tra le persone in cerca di lavoro vi sono molti più laureati e diplomati che in passato. All'inizio degli anni Novanta tra chi cerca lavoro sono laureati il 3,5% dei maschi e il 4% delle femmine e rispettivamente, oltre il 30% e il 39% hanno un diploma. Ciò è ovvio se si considera che più dei due terzi delle persone in cerca di occupazione sono giovani e che le generazioni nate dalla metà degli anni Cinquanta hanno raggiunto sempre più alti livelli di scolarità. Il carattere «intellettuale» della disoccupazione discende semplicemente dal suo carattere giovanile. Le conseguenze però sono rilevanti.

Nonostante il maggiore accesso all'istruzione dei giovani di estrazione popolare, le opportunità educative sono rimaste diseguali e chi proviene da famiglie di ceto sociale superiore ha più probabilità di conseguire titoli di studio elevati rispetto a chi ha origini modeste. È anche molto probabile che i diplomati e i laureati provenienti da famiglie di ceto medio-superiore trovino meno difficilmente lavoro, perché meglio inseriti in reti di relazioni personali sempre più utili. La disoccupazione dei giovani laureati e diplomati è però tanto alta, soprattutto per le donne e nel Mezzogiorno, che è impossibile che colpisca quasi solo quelli di origine popolare. Secondo una ricerca sui giovani iscritti nelle liste dell'ufficio di collocamento in alcune aree urbane del Mezzogiorno, uno su dieci poteva essere considerato di classe superiore e cinque-sei di classe media. La disoccupazione non è certo un'esperienza ignota alla piccola borghesia meridionale, ma è una novità che ora investa in modo diffuso il ceto medio e persino la borghesia dei professionisti.

Beninteso, si tratta di un fenomeno transitorio, che riguarda solo i «figli» nella fase di ingresso del mercato del lavoro. Ne risulta però incrinato quel sentimento di sicurezza che ha sempre accompagnato la condizione di vita delle classi medie e superiori. E si spiega perché le pressioni sul potere politico volte a ottenere misure contro la disoccupazione «intellettuale» siano risultate più forti e abbiano avuto maggior successo che non quelle contro la più comune disoccupazione dei figli meno istruiti delle famiglie di origine popolare.

La concorrenza tra diversi livelli di istruzione

Tuttavia al carattere intellettuale della disoccupazione è stato dato un significato più specifico, nel senso di considerare la più elevata scolarità una difficoltà aggiuntiva alla ricerca di un'occupazione per un giovane. Contro la teoria del «capitale umano», per cui un maggior bisogno di istruzione sarebbe stato un requisito dello sviluppo economico, si è diffusa l'ipotesi di una crescita della scolarità dovuta all'autonoma pressione delle classi subalterne, che vedono nella scuola il principale canale di mobilità sociale per i propri figli. Questa «spinta dal basso» verso una maggiore istruzione sarebbe però in contraddizione con le esigenze del sistema economico, la cui domanda di lavoro non presenta un altrettanto cospicuo aumento di posti qualificati. Ne deriverebbe un eccesso, e quindi uno spreco, di forza lavoro istruita.

Questo spreco non assume in Italia la forma americana dello «spiazzamento» dei giovani meno istruiti da parte dei più scolarizzati, che occupano posti di lavoro per cui sono richieste competenze inferiori a quelle acquisite nel sistema formativo. Il fenomeno degli operai laureati è quasi inesistente anche nel Mezzogiorno, nonostante alcuni casi facciano notizia. Invece in una società meno aperta, ove la mobilità sul lavoro offre minori opportunità e la relazione tra occupazioni e status sociale è molto più stretta, gli istruiti non entrano in concorrenza con i meno scolarizzati, ma restano in attesa di un posto di lavoro adeguato, anche perché sono quasi tutti giovani che vivono in famiglia. Si ha dunque disoccupazione intellettuale in senso proprio se i più istruiti hanno maggiori probabilità di restare senza lavoro dei non istruiti.

In realtà la specificità intellettuale della disoccupazione è stata esaltata dall'aver considerato i tassi di disoccupazione per titolo di studio per l'intera fascia da 14 a 29 anni senza tener conto del diverso anno di uscita dalla scuola e di inizio della ricerca di lavoro. Poiché le maggiori difficoltà stanno nel trovare il primo lavoro, si tende così a sottostimare il tasso di disoccupazione dei meno scolarizzati, che si mettono a cercare lavoro fin dai 14 anni e, per contro, a sovrastimare quello dei diplomati e dei laureati, che cominciano a cercarlo non prima di 19 e 24 anni. Per vedere se l'istruzione superiore davvero rende più difficile trovare lavoro, occorre invece considerare i giovani a un'eguale distanza dal momento di uscita dal sistema formativo. Allora il carattere intellettuale della disoccupazione giovanile italiana esce molto ridimensionato.

Consideriamo i tassi di disoccupazione dei giovani da 14 a 19 anni con la sola licenza elementare e media, dei diplomati da 20 a 24 anni e dei laureati da 25 a 29 anni, quindi, sia pur grossolanamente, nei cinque anni successivi all'uscita dalla scuola. Un netto svantaggio per i diplomati si ha solo alla fine degli anni Settanta, quando appunto «esplode» la questione della disoccupazione intellettuale. Anche allora i laureati avevano l'inserimento occupazionale di gran lunga meno difficile e questo loro privilegio rimane sempre intatto, nonostante tutte le polemiche sull'inutilità del «pezzo di carta». Successivamente il peggioramento delle probabilità di trovare lavoro per i giovani meno istruiti toglie i diplomati dalla posizione più svantaggiata, mentre sempre più grave risulta quella dei giovani che non sono riusciti a terminare la scuola dell'obbligo: all'inizio degli anni Novanta il loro tasso di disoccupazione nella fase di ingresso nel mercato del lavoro è il doppio di quello dei laureati. La progressiva emarginazione dei giovani privi della soglia minima di istruzione risulta anche dal forte aumento del loro tempo di ricerca del primo lavoro.

La situazione al nord e al sud

Come sempre, però, le medie nazionali nascondono realtà molto diverse. Nell'Italia centrosettentrionale neppure alla fine degli anni Settanta la disoccupazione giovanile si caratterizzava come intellettuale: solo per i maschi il tasso di disoccupazione dei diplomati era superiore a quello dei giovani con la licenza media. Poi per i maschi scompare ogni differenza tra diplomati e giovani con la licenza media e per le femmine le diplomate acquisiscono addirittura una posizione migliore. Quanto ai laureati, il loro tasso di disoccupazione è stabile ai livelli più bassi.

Per i giovani meno istruiti dalla metà degli anni Ottanta, le difficoltà di ingresso nel mercato del lavoro si riducono, sicché le differenze tra laureati, diplomati e giovani con licenza media quasi si annullano e persino i pochi con la sola licenza elementare sono sempre meno emarginati. Tale tendenza si può spiegare con la riduzione demografica delle nuove leve giovanili nel centro-nord, che rende più facile l'inserimento lavorativo a prescindere dal titolo di studio raggiunto. Tuttavia la ripresa occupazionale dal 1994, trainata da piccole imprese manifatturiere che non assumono giovani con un alto livello di istruzione, provoca un significativo aumento del tasso di disoccupazione dei laureati, che arriva a superare quello dei diplomati e dei giovani con la licenza media, che invece continua a scendere. Mentre si cercano disperatamente giovani poco scolarizzati disposti a fare i saldatori e i carpentieri, cresce la disoccupazione dei laureati in economia e legge.

La situazione del Mezzogiorno si presenta estremamente diversa non solo perché le difficoltà di ingresso per i giovani sono molto superiori e continuano a crescere negli anni Ottanta, qualunque titolo di studio abbiano. Lo svantaggio dei diplomati a fine anni Settanta è enorme, poi si riduce un poco per il forte aumento dei tassi di disoccupazione dei meno istruiti. Invece i laureati anche alla fine degli anni Settanta avevano una posizione di relativo privilegio, che poi si accentua decisamente.

Per i maschi a cinque anni dall'uscita, dalla scuola vi è un rapporto quasi di 1 a 2 tra il tasso di disoccupazione dei laureati e quello dei diplomati. In un contesto di grande e crescente difficoltà nella transizione dalla scuola al lavoro si può pensare che ciò sia dovuto a uno spiazzamento dei giovani diplomati da parte dei laureati. Un effetto simile non si verifica invece tra i diplomati e i giovani con licenza media, poiché le due categorie sono separate dalla «frontiera» tra lavoro manuale e intellettuale. Un laureato può far concorrenza a un diplomato per un lavoro impiegatizio di basso livello, ma per un diplomato non è facile adattarsi a un lavoro manuale.

Che i diplomati meridionali incontrino difficoltà davvero eccezionali è confermato dal fatto che all'inizio degli anni Novanta il loro tasso di disoccupazione è superiore di oltre 40 punti percentuali a quello dei diplomati centrosettentrionali, mentre per gli altri giovani lo scarto oscilla tra i 15 e i 30 punti. Tuttavia, benché più forti, le difficoltà di inserimento dei diplomati meridionali hanno più breve durata rispetto a quelle cui vanno incontro i giovani meno istruiti.

Infatti, se si considera il periodo da 5 a 10 anni dalla fine degli studi, il tasso di disoccupazione dei giovani diplomati meridionali quasi si dimezza, mentre quello dei giovani meno istruiti diminuisce in misura molto minore. Sia pur in modo meno marcato, altrettanto accade nel centro-nord. Dopo tanto attendere, si può pensare che i giovani diplomati si siano rassegnati a spiazzare quelli con la licenza media dai lavori manuali. Perciò il rischio dell'attesa più lunga, quella che sembra non terminare mai, colpisce soprattutto i giovani meridionali poco istruiti e in particolare le femmine, che da 5 a 10 anni dalla fine degli studi sono disoccupate ancora per oltre la metà.

I vantaggi dei più istruiti

Superata la fase dell'ingresso nel mercato del lavoro, l'istruzione più elevata risulta poi di grande vantaggio per poter conservare il lavoro in età adulta. Infatti tra i 30 e i 59 anni il tasso di disoccupazione degli istruiti è sempre minore di quello dei non istruiti. Questa relazione, più evidente per le donne e nel Mezzogiorno, si accentua all'inizio degli anni Novanta. Perciò il diploma di scuola superiore proprio nelle regioni meridionali, dove non favorisce il primo lavoro dei giovani, protegge ancor più gli adulti dal rischio di perdere la propria occupazione. E questo effetto di protezione risulta sempre più forte, poiché dalla metà degli anni Ottanta il tasso di disoccupazione degli adulti poco istruiti cresce molto più rapidamente di quello degli adulti diplomati o laureati. Nel Mezzogiorno la netta ripresa della disoccupazione maschile adulta si deve tutta o quasi ai meno protetti dal titolo di studio: in buona parte è la conseguenza dell'invecchiamento di molti giovani poco istruiti nell'attesa di una prima occupazione degna di esser considerata tale.

Gli adulti laureati e diplomati raramente corrono il rischio di perdere il lavoro, ma quei pochi che lo perdono restano alla ricerca di una nuova occupazione molto più a lungo di quelli senza istruzione superiore. Ciò può essere dovuto a una ricerca più selettiva, ma si può pensare che i diplomati e i laureati, assuefatti alla sicurezza del posto, siano caduti in uno stato di depressione, che ne mina la capacità di trovare un altro lavoro.

Quindi, nonostante l'enfasi posta sulla disoccupazione intellettuale, il possesso di una laurea o anche di un diploma di istituto superiore costituisce un notevole vantaggio sul mercato del lavoro, poiché protegge dal rischio di perdere il lavoro in età adulta e quasi sempre favorisce anche l'ingresso al lavoro dei giovani. Questi effetti appaiono più forti nelle regioni meridionali, ove tuttora molti giovani sono poco o nulla istruiti. L'istruzione superiore ha inoltre un effetto positivo sui tassi di occupazione femminili (in particolare nel Mezzogiorno) e sulla possibilità di prolungare il lavoro anche in età avanzata. Di disoccupazione intellettuale in senso forte si può parlare ormai soltanto per i diplomati meridionali nei primi 5 anni dall'uscita dalla scuola, anche se proprio i laureati sembrano esclusi dalla generale caduta della disoccupazione giovanile nelle regioni del centro-nord dalla metà degli anni Novanta.

La spiegazione della peculiare congiuntura negativa per i diplomati, e in parte anche per i laureati, negli anni Settanta si può attribuire alla forte crescita dei livelli di scolarità che aveva messo in crisi la tradizionale relazione tra i livelli di istruzione e gerarchia delle occupazioni, per cui ci si aspetta che una certa istruzione dia il diritto di aspirare a un certo posto di lavoro. Ad esempio, sino agli anni Cinquanta se per fare l'impiegato di banca bastava la terza media, il diploma di ragioneria faceva sperare di poter accedere a posti direttivi. Dagli anni Settanta il diploma diventa il requisito minimo per entrare in banca anche a livelli medio-bassi, mentre per accedere alle posizioni più elevate occorre la laurea, che verrà poi a sua volta sostituita dal master postlaurea. I problemi nascono quando i mutamenti sono troppo rapidi perché le aspettative delle famiglie e degli studenti riescano ad adattarsi alla nuova realtà in cui i titoli di studio, ormai inflazionati, non assicurano più l'accesso a posizioni privilegiate.

Negli anni Settanta in Italia si diffuse l'idea che vi fosse un eccesso di istruzione. In realtà i giovani italiani non hanno affatto tassi di scolarità più elevati dei loro coetanei europei. Anzi, nonostante la forte crescita degli anni Sessanta e Settanta, l'Italia figura al penultimo posto per la frequenza della scuola media superiore e al terzultimo per quella universitaria. E il divario è ancora maggiore per i diplomati e i laureati, dati i ben più alti tassi di abbandono prima di raggiungere il diploma o la laurea.

Il fatto è che si guardava alla nuova realtà con gli occhi di un passato troppo recente per non condizionare le aspettative legate ai diversi livelli di istruzione. Se il diploma di istituto superiore veniva ancora considerato un titolo per cui si poteva aspirare alla fascia alta del lavoro impiegatizio, come accadeva per la generazione dei padri, era facile concludere che vi fosse un eccesso di diplomati. Solo negli anni Ottanta la relazione tra livelli di istruzione e soglie di accettabilità dei posti di lavoro si è «riassestata», per cui sempre più diplomati entrano nel lavoro manuale, sia pur qualificato. Ciò ha ridotto le difficoltà che per qualche anno avevano segnato l'ingresso nel mercato del lavoro persino dei giovani diplomati maschi del centro-nord.

Tuttavia se confrontiamo l'Italia con gli altri paesi europei qualche ragione per parlare di disoccupazione intellettuale non manca. In tutti i paesi il tasso di disoccupazione diminuisce man mano che cresce il livello di istruzione, ma il vantaggio competitivo dei più istruiti è in Italia di gran lunga minore. Fatto 100 il rischio di esser disoccupato per chi ha solo finito la scuola media inferiore, in Germania, Gran Bretagna e Francia il rischio dei diplomati oscilla tra 65 e 70 e quello dei laureati tra 37 e 42. Invece in Italia il rischio per i diplomati supera 78 e quello per i laureati 63.

Se poi poniamo in relazione l'andamento di questo rischio

con la scarsità relativa dell'istruzione superiore nei vari paesi, si hanno tre situazioni differenti. In Germania e Francia, benché l'istruzione superiore sia molto diffusa, i molti istruiti sono parecchio avvantaggiati nel trovare lavoro rispetto ai pochi non istruiti. Ancor maggiore è il vantaggio dei pochi istruiti in Gran Bretagna, ove una politica elitaria ha reso l'istruzione superiore una risorsa molto scarsa.

Altrettanto scarsa è la diffusione dell'istruzione superiore in Italia, Portogallo e Spagna, ma i pochi istruiti sopportano un rischio di restare disoccupati solo di poco inferiore a quello dei molti non istruiti. Questi paesi vivono una contraddizione tra un evidente scarto culturale (poiché la crescita dell'istruzione superiore è stata recente e veloce) e uno sviluppo economico ancora debole e arretrato, che offre troppo pochi posti di lavoro qualificato per i giovani istruiti.

5. *La lunga attesa del «posto»*

A un prolungato soggiorno nella scuola si aggiunge un sempre più lungo periodo di ricerca della prima occupazione: senza dubbio per le nuove generazioni l'ingresso a tempo pieno nel mondo del lavoro avviene in età molto più avanzata che non per i loro padri o i loro nonni. In realtà il lavoro entra nella vita di molti giovani ben prima di quanto risulti dalle indagini sulle forze di lavoro. I modi sono diversi a seconda del ceto sociale e del contesto economico, ma tutti i «lavoretti» che precedono l'accesso a un'occupazione vera e propria sono visti come secondari rispetto alla condizione principale di studente o di persona in cerca di lavoro.

Innanzitutto il lavoro minorile, un flagello per il Terzo Mondo, è ancora presente in Italia. Nel centro-nord i minori di 14 anni lavorano quasi sempre in imprese familiari e vanno regolarmente a scuola. Nel Mezzogiorno invece le attività per conto terzi sono più diffuse e un impegno lavorativo più continuo comporta spesso il precoce abbandono scolastico. Nelle città meridionali i minori trovano facilmente un'attività dequalificata (dal garzone di bar al manovale), ma presto devono lasciarla per la concorrenza dei giovanissimi della generazione successiva, e rischiano così di entrare in una lunga fase di inoccupabilità.

Lavorare e studiare

Attività lavorative saltuarie sono abbastanza diffuse tra gli studenti delle medie superiori. Tuttavia il lavoro degli studenti è meno frequente nelle aree a più elevata disoccupazione del Mezzogiorno, ove è maggiore la concorrenza dei giovani che hanno già finito gli studi; mentre i tassi più alti sono raggiunti in aree dell'Italia centrorientale prossime al pieno impiego. Inoltre tra i giovani dei licei si lavora molto meno che tra quelli degli istituti tecnici, che accolgono più giovani dei ceti medio-bassi. Invece, se si escludono i ceti superiori, la posizione sociale della famiglia è poco utile per distinguere gli studenti universitari che lavorano da quelli che non lavorano. Maggiore rilievo ha la facoltà: si lavora molto di più nei corsi umanistici, che richiedono minore impegno e frequenza.

Ovviamente si tratta di spezzoni di lavoro, cioè di attività saltuarie, precarie, per lo più irregolari, spesso a tempo parziale e, per gli studenti medi, concentrate nella stagione estiva. Si va dal tradizionale lavoro stagionale in agricoltura e nel turismo alle più varie attività artigiane, operaie e nei servizi di alto e basso livello (dall'insegnamento alla consegna a domicilio, dai servizi professionali alle baby sitter).

La comparsa della figura dello studente lavoratore è stata imputata all'espansione della scuola di massa, cui accedono sempre più giovani ai quali le famiglie richiederebbero un pur piccolo aiuto economico. Tuttavia il fenomeno interessa anche i figli di famiglie di ceto medio, e gran parte dei guadagni è usata dai giovani per le spese personali. La disponibilità di una piccola fonte di reddito offre un simbolico spazio di autonomia a giovani che non possono rendersi pienamente indipendenti e uscire dalla famiglia sino a età molto avanzata. D'altro canto il fatto che la scuola non garantisca più la sicurezza di un buon posto di lavoro ne riduce il valore di «investimento» non solo economico, ma anche psicologico e rende più convenienti su entrambi i piani altri usi del tempo.

L'intreccio informale tra scuola e lavoro non favorisce però l'inserimento lavorativo. Chi ha lavorato durante gli studi non riesce a trovare un'occupazione stabile più facilmente degli studenti «puri». Per tutti l'attesa del posto sarà lunga, anche se non vuota di attività lavorative.

Il limbo dei «lavoretti» costituisce una fase di passaggio per i giovani qualunque sia il livello del sistema formativo dal quale escono, dalla scuola media alla laurea. Anzi nell'area del terziario dequalificato le attività sono spesso le stesse, anche se per diplomati e laureati tali lavori sono propri di questa transizione, mentre per i giovani che non sono andati oltre qualche anno di media superiore sono un anticipo di quello che sarà il loro destino occupazionale. Anche il lavoro dei giovani in cerca di primo impiego è meno diffuso nel Mezzogiorno, ove molti giovani, soprattutto se con titoli di studio elevati, sono disoccupati «puri» per carenza di opportunità.

Si tratta di attività precarie, di breve durata e non regolari, ottenute spesso grazie alla rete di conoscenze familiari. Per i giovani non istruiti nel Mezzogiorno, accanto ai tradizionali lavori edili per i maschi, prevalgono le occasioni di lavoro nei servizi privati: barista, garzone, commesso per i maschi e sarta, parrucchiera, commessa per le femmine. Più rari sono i lavori artigiani (meccanico, elettricista, ecc.) e operai (per le donne nell'abbigliamento o nelle calzature). Maggiori difficoltà incontrano i diplomati e i laureati perché nelle città meridionali i lavori precari non manuali sono meno diffusi: da attività di segreteria alla collaborazione in studi professionali. Perciò parecchi maschi si rassegnano a mansioni del tutto incongrue con il proprio titolo di studio, mentre ciò accade raramente per le donne, che risultano più «rigide» verso attività inferiori alle proprie aspettative persino nella fase transitoria dei «lavoretti».

Relativamente migliore è la situazione del mercato del lavoro precario e occasionale per i giovani centro-settentrionali, sia per la maggiore diffusione di attività nei servizi, anche non manuali (rappresentanti, venditori, assicuratori, standisti nelle mostre, ecc.), sia per la scarsa concorrenza degli adulti. In particolare per le donne e i più istruiti non è più trascurabile la presenza di lavori saltuari regolari, cioè di contratti a tempo determinato. Il livello di qualificazione resta abbastanza basso, benché le attività più faticose e penose siano sempre più lasciate agli immigrati.

La prevalenza di attività a bassa o nulla qualificazione fa sì che l'effetto di addestramento si riduca a una fascia ristretta, per la quale vi è continuità professionale tra lavoro precario e stabile. Ma la fase delle molteplici esperienze di lavoro, anche povere e incoerenti, potrebbe consentire ai giovani di acquisire maggiori informazioni sul mercato del lavoro e di inserirsi in più vaste reti di relazioni sociali. In realtà molto dipende dalla relazione che esiste tra il mercato del lavoro precario e quello del lavoro stabile. Se vi è una buona contiguità, come per molte aree dei servizi nelle città del centro-nord, può essere utile aver acquisito conoscenze personali e capacità relazionali attraverso esperienze saltuarie.

Molto diversa è la situazione del Mezzogiorno, dove vi è una netta polarizzazione della domanda di lavoro tra un settore precario, senza alcuna tutela, e un settore garantito, perché pubblico o comunque legato alla presenza pubblica. Non solo tra questi due settori non vi è contiguità, ma i canali per accedere a quello garantito sono quelli tradizionali del sistema politico-clientelare e non trovano alimento dalle esperienze maturate nel mondo dei lavori occasionali e irregolari, cui invece si accede attraverso i legami familiari e di vicinato. Nel Mezzogiorno, molto più che non nel centro-nord, i «lavoretti» non sono neppure un'occasione per procurarsi quelle relazioni che consentono di entrare nell'area del lavoro stabile.

In tale situazione i lavori precari svolgono soltanto la funzione di consentire una più lunga attesa del «posto», poiché riducono il peso economico del giovane sulla famiglia e gli permettono quei consumi nel tempo libero che omologano la condizione giovanile. L'orientamento al posto pubblico o para-pubblico ha un ruolo centrale per i giovani meridionali non soltanto perché questo settore è l'unico che assicuri garanzie di stabilità in mancanza di un'economia privata moderna e struttu-rata, ma anche perché consente di accedere a reti di collega-menti e di scambi, attraverso le quali si possono fare e ricevere favori e procurarsi redditizi «secondi lavori». In confronto a tali eccessi di garanzie e di vantaggi sono svalutate tutte le altre attività, anche quelle regolari e meno precarie, considerate soltanto un temporaneo mezzo di sussistenza.

La cesura tra posti garantiti e lavori poco tutelati rende ancor più acuta nel Mezzogiorno la schizofrenia che caratteriz-za ovunque i comportamenti di ricerca dei giovani: alla dispo-nibilità verso attività temporanee, anche incongrue rispetto agli studi, si oppone una notevole selettività per le aspettative occupazionali a lungo termine. Tutte le indagini sui giovani hanno colto uno sfasamento tra il lavoro «desiderato», che si continua a cercare intensamente, e il lavoro «qualsiasi», molto più a portata di mano, ma cui non ci si rassegna.

Ciò si spiega con la differenza che si è ormai consolidata tra il lavoro «per la vita», quello che coinvolge profondamente l'identità sociale del lavoratore, e le attività temporanee, vissute in modo del tutto strumentale. Per i lavoretti transitori non vale la «logica dell'onore», che spinge i giovani a rifiutare i posti di lavoro al di sotto della soglia di accettabilità che si ritiene connessa alla posizione sociale della propria famiglia o cui si aspira. Come per gli immigrati temporanei, per i giovani si può pensare a un periodo di moratoria, durante il quale i lavoretti non spezzano le crescenti aspettative occupazionali, ma anzi le rafforzano, perché consentono di tenerle vive più a lungo. Ciò è tanto più possibile quanto più anche simbolicamente tali attività non incidono sulle prospettive future. La debole pressione di molti giovani perché il rapporto di lavoro sia «messo in regola» viene spiegata con lo scarso interesse per gli aspetti previdenziali, ma può dipendere anche dal non voler vedere il proprio libretto di lavoro «sporcato» da una mansione di basso livello.

Il sostegno familiare

L'attesa ovviamente si fonda sul sostegno economico e sulle aspettative di mobilità sociale della famiglia, in cui il giovane continua a vivere ben oltre l'adolescenza. Persino nel Mezzogiorno la disoccupazione giovanile si può spiegare in buona misura con le strategie di solidarietà intergenerazionale, per cui i genitori sono disposti a compiere grandi sacrifici affinché i figli possano accedere a posizioni lavorative congrue con il titolo di studio, a costo di lunghi periodi di attesa.

Le origini sociali dei giovani incidono profondamente sui percorsi e sui tempi di ricerca. Non si tratta solo delle diverse capacità economiche della famiglia, ma anche delle sue diverse risorse relazionali. La presenza di parenti ben inseriti nel mondo del lavoro (e nel Mezzogiorno anche nel sistema di potere politico) è un fattore importante per contenere la durata dell'attesa. Quelli più a rischio di una lunga attesa sono proprio i giovani che sono riusciti a conseguire un titolo di studio superiore grazie ai sacrifici di famiglie con poche risorse e scarse conoscenze.

Che il lavoro si cerchi in tanti modi, ma si trovi per lo più in un modo solo, cioè grazie alle relazioni personali, è una realtà ben nota ovunque, dalla Francia alla Gran Bretagna. Ma in Italia quelli che contano non sono, come negli Stati Uniti, i legami deboli, cioè le relazioni occasionali, che «gettano ponti» tra ambienti diversi, bensì quelli forti, che restano entro le cerchie familiari e ne riproducono le diseguaglianze sociali. Persino nel mercato del lavoro più moderno e anonimo che esista in Italia, quello milanese, una recente indagine ha mostrato che le probabilità di trovare una buona occupazione, soprattutto per i giovani alla loro prima esperienza, dipendono essenzialmente dalla solidità del loro «capitale sociale», cioè dalle reti familiari. Ciò contribuisce a spiegare la scarsissima mobilità sociale che caratterizza l'Italia in confronto ad altri paesi sviluppati.

Le reti familiari svolgono un ruolo rilevante nel sostenere anche i disoccupati adulti. «Il disoccupato solo e abbandonato a se stesso non lo abbiamo incontrato», così conclude una ricerca condotta a Napoli. Nelle grandi città meridionali, ove si concentra la disoccupazione maschile adulta, la famiglia, la parentela allargata e il vicinato sostengono i disoccupati sia con aiuti monetari e non monetari, sia svolgendo la funzione di canali per accedere a occasioni di lavoro precarie e irregolari. È un quadro molto diverso da quello delle classiche ricerche degli anni Trenta, in cui si attribuisce alla disoccupazione l'effetto di rompere i legami sociali, sicché il disoccupato risulta isolato ed emarginato.

Anche per i disoccupati adulti la sopravvivenza è fornita da lavori precari e occasionali. Nel Mezzogiorno quasi nessun disoccupato adulto percepisce sussidi specificamente legati alla sua posizione. Significativa invece è la presenza di altri sussidi pubblici: dall'indennità di disoccupazione agricola (anche se non ha mai lavorato nei campi) alle pensioni sociali e di invalidità. Per tutti gli anni Settanta e Ottanta il ruolo più importante di sostegno del reddito dei disoccupati meridionali fu svolto dalle pensioni di invalidità Inps, che esplicitamente tenevano conto della maggior difficoltà di trovare lavoro in un'area ad alta disoccupazione. La riforma del 1984 ne bloccò la diffusione, ma solo ora cominciano a vedersi i risultati, peraltro contraddetti in parte dall'espansione delle invalidità civili concesse con scarso rigore dal ministero degli Interni. A tali sussidi, distribuiti spesso in modo discrezionale, si imputa l'effetto di incentivare il lavoro nero e di diffondere omertà e clientelismo.

Per i disoccupati adulti meridionali si tratta di attività dequalificate, instabili, poco retribuite e irregolari, che non lasciano presagire sbocchi occupazionali duraturi e rischiano di logorare ancor più le capacità già basse di lavoratori con livelli di istruzione infimi e avviati precocemente al lavoro manuale. In passato i settori dominanti erano l'edilizia e l'agricoltura; ora, accanto al manovale edile, prevalgono i «mille mestieri» urbani: dal commercio ambulante all'imbianchino, dal barbiere al trasportatore abusivo; mentre per le donne al lavoro a domicilio si accompagna quello agricolo stagionale. Nelle grandi città sono diffuse le attività illegali (contrabbando, bagarinaggio) e quelle criminali (lo spaccio di droga, la manovalanza in organizzazioni mafiose o camorristiche), di cui non si sono ancora colte appieno le conseguenze per il funzionamento del mercato del lavoro.

Che parecchi disoccupati meridionali svolgano attività saltuarie e piccoli traffici quotidiani non significa affatto che non cerchino disperatamente un'occupazione stabile. Il lavoro nero non può essere portato a sostegno della tesi sulla «falsa disoccupazione», sebbene risulti ovviamente ridotta l'area della disoccupazione «pura». Peraltro svegliarsi ogni mattina con l'assillo di guadagnare qualcosa per la sopravvivenza della propria famiglia non agevola la ricerca di un lavoro stabile e rischia di far precipitare il disoccupato nel circolo vizioso di attività sempre più precarie, dequalificate e irregolari.

Aspetti sociali ed economici della disoccupazione

Si può infine tentare di comprendere perché alla continua crescita della disoccupazione negli anni Settanta e Ottanta non si siano accompagnate le conseguenze che passate esperienze avrebbero fatto presagire. Gli anni Cinquanta sono troppo vicini per non imporre un confronto: allora bastò un livello di disoccupazione ben minore per provocare una diffusa insicurezza, vaste aree di povertà e gravi tensioni sociali. Nell'Italia attuale invece le persone in cerca di lavoro sembrano aver perso buona parte della loro tradizionale visibilità sociale: come distinguere *fisicamente* un giovane in cerca di primo lavoro da uno studente?

Per ripristinare una realtà più coerente con le consuete interpretazioni dell'impatto sociale della disoccupazione alcuni hanno ritenuto fosse necessario ridimensionarne l'importanza, escludendone alcune componenti: da chi ha un comportamento di ricerca poco attivo a chi, pur cercando attivamente un posto, ha attività precarie e irregolari. Ma contrapponendo diverse definizioni di disoccupazione si rischia di non spiegare nulla. Per contro, al fine di difendere la più ampia quantificazione possibile dell'area della disoccupazione, quasi fosse di per sé un indicatore di crisi insolubile, si è tentato di «far quadrare» la relazione tra disoccupazione e impatto sociale attribuendo alla disoccupazione non l'effetto di acuire i conflitti e le tensioni, ma quello di provocare apatia. Vi è però il rischio di estendere a livello collettivo i risultati di analisi socio-psicologiche condotte a livello individuale. In entrambi i casi, tuttavia, si rifiuta l'idea che l'area della disoccupazione possa essere composita e che le varie fasce di disoccupati abbiano differenti comportamenti e conseguenze sociali.

L'enorme differenza tra chi cerca lavoro ora in Italia e chi lo cercava negli anni Cinquanta suggerisce di distinguere nella disoccupazione una dimensione economica da una sociale. Dal punto di vista sociale la situazione attuale appare molto grave, poiché milioni di persone non riescono a ottenere uno stato cui aspirano, non importa se per necessità o per desiderio di realizzazione personale. Ma l'indubbio disagio poggia su un sistema economico ricco, con un vistoso consumo privato e un cospicuo intervento dello stato a sostegno dei redditi. La disoccupazione contemporanea inoltre colpisce ben poco una figura cruciale come quella del capofamiglia. Perciò gli effetti economici della disoccupazione sono attutiti dai processi di aggiustamento interni alle famiglie.

La povertà sembra si separi dalla disoccupazione e trovi altre cause: soprattutto l'età avanzata e le cattive condizioni di salute. Solo una fascia ridotta di disoccupati è povera, perché quasi i tre quarti di chi cerca lavoro hanno meno di 29 anni e costoro vivono quasi tutti con i genitori, uno dei quali almeno è quasi sempre occupato o pensionato. Per di più, come risulta dai titoli di studio, non pochi giovani appartengono a famiglie di ceto medio o medio-alto.

Tuttavia tra disoccupazione e povertà rimane una forte connessione territoriale: nel Mezzogiorno, che rappresenta solo il 36% della popolazione italiana, si concentra ben il 60% della povertà e oltre il 45% della disoccupazione. Ciò significa che i disoccupati meridionali sono più poveri dei disoccupati centro-settentrionali, così come gli occupati meridionali lo sono degli occupati centrosettentrionali. Siccome la povertà di cui si parla è quella relativa (rispetto cioè alla media nazionale del reddito *pro capite*), questa situazione appare ovvia, ma le conseguenze sono rilevanti.

Nel Mezzogiorno la disoccupazione si deve appoggiare su una base occupazionale più ristretta e più povera e quindi rischia di presentare un'estrema serietà anche dal più tradizionale punto di vista economico. Una ricerca sui disoccupati napoletani ha rivelato che il maggiore rischio di povertà è costituito dalla mancanza di lavoro e non dalla presenza di un'occupazione marginale o di una pensione insufficiente. Napoli è una realtà particolare nel Mezzogiorno, ma, se questi risultati fossero generalizzabili, si può supporre che la scissione tra disoccupazione e povertà sia così forte nel centro-nord da occultare nelle medie nazionali che nel Mezzogiorno una certa relazione continua a esistere.

In ogni caso resta grave l'emergenza sociale di alcune generazioni che rischiano di incontrare troppo tardi un lavoro stabile, in cui poter realizzare una propria identità sociale e professionale. Le ricerche mostrano che il lavoro rimane un elemento centrale nelle esperienze di vita dei giovani, sicché, se la ricerca di un'occupazione che consenta di uscire dalla famiglia si prolunga oltre quanto è accettabile per l'ambiente in cui vive, il giovane può subire una situazione di grave disagio psicologico. Il ritardo nell'acquisire l'indipendenza economica dalla famiglia rischia di bloccare lo sviluppo psicosociale dei giovani prolungando oltre ogni limite la fase dell'adolescenza. Il trauma può essere irreversibile, poiché risulta intaccata la formazione di un'adeguata mentalità lavorativa. La vana attesa del primo lavoro dovrebbe avere conseguenze sul processo di costruzione dell'identità personale particolarmente gravi per i giovani maschi, poiché sui maschi si esercitano maggiori pressioni da parte delle famiglie perché assumano ruoli lavorativi. Tali differenze di genere riguardano però solo le giovani non istruite: persino nel Mezzogiorno le diplomate e le laureate sollevano tra i familiari preoccupazioni altrettanto gravi dei diplomati e dei laureati maschi.

Né chi svolge dei lavoretti presenta più elevati livelli di benessere psicologico. La causa del grave disagio dei giovani non sta tanto nell'assenza del lavoro, quanto piuttosto nella situazione di insicurezza che impedisce qualunque progetto di carriera professionale. Dunque se la protezione della famiglia assicura ai giovani in cerca di lavoro una discreta condizione economica, non li sottrae però al disagio psicologico. Una simile scissione tra dimensione economica e socio-psicologica caratterizza peraltro la moderna disoccupazione anche negli altri paesi europei, dove quasi tutti i disoccupati percepiscono indennità di disoccupazione o altri sussidi.

6. *Donne al lavoro*

Dopo esser state contadine e operaie tessili nella prima fase dello sviluppo industriale, le donne ritornano ora al lavoro extradomestico e retribuito, anche se spesso si tratta di un lavoro solo cercato e non trovato. È senza dubbio il fenomeno più importante degli ultimi trenta-quarant'anni, in Italia come in tutti i paesi sviluppati. L'offerta di lavoro aumenta e sul mercato del lavoro si presentano sempre più persone con aspirazioni ed esigenze in larga misura diverse da quelle tradizionali della maggioranza maschile.

Le caratteristiche della partecipazione femminile

In un passato per l'Italia non lontano, le donne entravano al lavoro giovanissime e con una bassa scolarità per uscirne poco dopo in occasione del matrimonio o della nascita del primo figlio e poche vi ritornavano una volta cresciuti i figli, come invece accadeva nell'Europa centrosettentrionale. Ora la forte crescita della partecipazione femminile negli anni Settanta e Ottanta non è dovuta a un aumento dei tassi di attività sino a 24 anni, già su livelli relativamente elevati e anzi in via di riduzione per la più elevata scolarità, ma all'aumento dei tassi di attività delle donne adulte. Le donne entrano nel mercato del lavoro più tardi, dopo una maggiore permanenza a scuola, ma per restarvi a lungo. Anche in Italia tende a scomparire lo stereotipo della temporaneità della partecipazione femminile, poiché le donne restano occupate o alla ricerca di un lavoro anche dopo il matrimonio e la nascita dei figli ed escono dal mercato del lavoro per ritirarsi in pensione solo un poco prima dei maschi.

Rispetto ad alcuni paesi europei a più alta partecipazione femminile al lavoro, le differenze per le ventenni e le trentenni sono ormai ridotte, mentre restano ancora cospicue quelle per le quarantenni e le cinquantenni. Ma ciò si deve in buona parte a un effetto generazionale, cioè al ritardo con cui si è avviata in Italia la crescita della partecipazione femminile. Anche tali differenze sono destinate a ridursi, se le trentenni degli anni Novanta, ben più inserite nel mercato del lavoro delle generazioni precedenti, conserveranno anche in età avanzata l'attuale attaccamento al lavoro. Ciò non dovrebbe essere difficile, poiché, benché l'età media in cui le donne si sposano e hanno figli sia parecchio aumentata, l'impatto con i problemi familiari dovrebbe essere già avvenuto per molte di loro. Ne risulterebbe un automatico aumento del tasso di attività totale.

Meno probabile è invece un ulteriore aumento dei livelli di attività delle ventenni e delle trentenni. Ormai nel centro-nord la figura della giovane casalinga è quasi scomparsa e anche tra le adulte le casalinghe sono sempre meno: dai 14 ai 59 anni sono ormai meno del 35%. In queste regioni la crescita dei tassi di attività delle donne adulte è stata straordinaria, e all'inizio degli anni Novanta sono stati quasi raggiunti i livelli di paesi con una ben più lunga tradizione di partecipazione femminile al lavoro. Andare oltre richiederebbe non facili mutamenti negli assetti della famiglia e dell'organizzazione della società (dai servizi socio-assistenziali agli orari urbani).

Molto diversa è la situazione del Mezzogiorno, ove il tasso totale di attività è cresciuto più lentamente, ma ancor più lenta è stata la crescita dei tassi di attività delle donne adulte. La figura della giovane casalinga ha ancora un posto di rilievo: oltre il 22% dai 14 ai 24 anni e il 44% dai 25 ai 29. Il problema cruciale è però un altro. Contrariamente a quanto accaduto nelle regioni centrosettentrionali, in quelle meridionali tutta la maggiore presenza nel mercato del lavoro delle ventenni e larga parte di quella delle trentenni si è tradotta nella vana ricerca di un lavoro. Una vera voragine si è aperta tra le crescenti aspirazioni al lavoro delle giovani meridionali e le possibilità di realizzarle. Per ora ciò denota un forte attaccamento al lavoro, che sembra essere diventato parte essenziale del progetto di vita di queste giovani, sia pure soltanto delle più scolarizzate. Ma per quanto ancora potranno resistere senza cedere allo scoraggiamento e regredire nella condizione, non più scelta, di casalinghe?

Poiché le giovani rimangono molto più spesso in cerca di lavoro, la ripresa dell'occupazione femminile dalla metà degli anni Settanta è ancor più dominata dalle donne adulte, cioè dalla stessa fascia che ne aveva segnato la caduta negli anni Cinquanta e Sessanta. Ma in passato le adulte occupate erano per lo più contadine inserite in imprese familiari, con compiti facilmente conciliabili con la tradizionale divisione dei ruoli in seno alla famiglia. Ora invece la situazione è ben diversa.

Il «part time»

Per spiegare il sempre maggiore accesso al lavoro extra-domestico delle donne e in particolare di quelle adulte, sposate e con figli, si guarda a mutamenti sia nei comportamenti delle donne e nella struttura della famiglia, sia nelle caratteristiche della domanda di lavoro. Al centro di entrambe le spiegazioni sta la diffusione del *part time*, che quasi ovunque accompagna l'aumento dell'occupazione femminile. Ma non in Italia ove, caso unico, l'occupazione femminile cresce considerevolmente senza un parallelo incremento del lavoro a tempo parziale.

Per quanto il *part time* sia regolato diversamente da paese a paese, un'analisi comparativa mostra che nei paesi europei in cui maggiore è la diffusione del lavoro a tempo parziale, più alto è il tasso di occupazione femminile. Quanto all'andamento nel tempo, negli anni Settanta e Ottanta soltanto negli Stati Uniti l'occupazione femminile *full time* è cresciuta più in fretta di quella *part time*, mentre in tutti gli altri paesi l'aumento dell'occupazione a tempo parziale è stato largamente superiore a quello dell'occupazione a tempo pieno, sino al punto di costituire in qualche caso l'intero incremento.

Il caso inglese è il più clamoroso. Come in Italia, tutto l'aumento dell'occupazione è femminile, ma per il 70% è a tempo parziale, sicché la quota di *part time* femminile, già più che triplicata nel ventennio precedente, cresce sino al 45%. Poiché l'occupazione maschile, quasi tutta a tempo pieno, è diminuita, la cospicua crescita dell'occupazione totale in realtà si è tradotta per lo più nella sostituzione di posti di lavoro «pieni» maschili con «mezzi» posti femminili, molto meno garantiti e pagati. A un esito simile, sia pure attraverso un percorso ben diverso, è giunta la Svezia, il paese che vanta il più alto tasso di attività femminile: soltanto 5 punti meno di quello maschile. Ma ciò non significa affatto che le donne svedesi lavorino con la stessa intensità dei maschi anche nell'età centrale, quella segnata dai maggiori carichi familiari. Oltre al *part time*, in Svezia le donne con figli possono assentarsi a lungo, pur conservando la garanzia del posto. Così molte svedesi risultano occupate solo nelle statistiche, come i nostri cassaintegrati, poiché in realtà sono a casa, in congedo temporaneo, a curare i figli.

Tener conto del *part time* nei confronti internazionali esalta invece i livelli dell'occupazione femminile in l'Italia, ove è molto poco diffuso (appena il 10%). Calcolando che le occupazioni a tempo parziale «valgano» la metà di quelle a tempo pieno, il tasso di occupazione delle donne italiane si riduce di un solo punto percentuale, ma per tutti gli altri paesi la riduzione è ben più forte: sino a 12 punti in Gran Bretagna. In termini di «volume di occupazione» il distacco dell'Italia dai paesi dell'Europa centrosettentrionale risulta di gran lunga minore di quanto appare dai consueti tassi di occupazione «per testa». E il tasso di occupazione così corretto non soltanto pone la Lombardia e l'Emilia in posizione inferiore alla sola Danimarca in Europa, ma rivela anche come in queste regioni le ventenni e anche le trentenni, già entrate nella fase critica degli impegni familiari, siano «impegnate» nel lavoro ancor più delle coetanee della mitica Danimarca, il paese che divide con la Svezia il primato del lavoro delle donne.

Nonostante la forte crescita dell'occupazione femminile, la quota di donne occupate *part time* in Italia non soltanto non è aumentata, ma è rimasta praticamente la stessa per tutte le età. Invece, nei paesi europei in cui è più diffuso, il tempo parziale interessa in misura maggiore trentenni e quarantenni, ma soprattutto cinquantenni e sessantenni, consentendo prima di restare al lavoro nonostante gli accresciuti impegni familiari e poi di uscire più gradualmente verso il pensionamento.

Che in Italia l'occupazione delle donne e in particolare di quelle adulte sia molto aumentata senza ricorrere al *part time*, e senza grandi miglioramenti nei servizi sociali, vuol forse dire che la vita familiare è cambiata più che nei paesi dell'Europa centro-settentrionale e la donna ha raggiunto più elevati livelli di emancipazione? Certamente no.

In Italia il lavoro familiare è ancora molto «mal diviso», come d'altronde accade quasi ovunque. Una recente indagine conferma il risultato di alcune ricerche inglesi e francesi: le donne occupate con responsabilità familiari lavorano un «mese in più» dei mariti, se si tiene conto sia dell'attività remunerata sia di quella familiare. Anche perché il contributo dei maschi al lavoro domestico aumenta in misura molto modesta quando la donna è impegnata in un'attività retribuita. Allora un discreto equilibrio nella famiglia si può realizzare solo se si ricorre a un sostegno esterno oppure se si riducono i carichi di lavoro.

La forte ripresa del lavoro servile presso le famiglie non ha finora raccolto grande attenzione, anche se la grande domanda di questi servizi, cui non corrisponde più un'adeguata offerta da parte delle giovani donne italiane, è all'origine di un'immigrazione di collaboratrici familiari che non ha riscontro per dimensioni in altri paesi europei. All'aiuto retribuito spesso si sostituisce o si aggiunge quello gratuito dei genitori: le giovani «nonne» sono un prezioso sostegno al lavoro extradomestico a tempo pieno di figlie e nuore.

L'altra soluzione è quella di ridurre gli impegni familiari e in particolare di fare meno figli. Questa via è stata seguita da moltissime giovani coppie, poiché l'Italia è il paese europeo in cui il tasso di natalità è diminuito più in fretta e ha raggiunto il livello più basso: da 2,4 figli per donna nel 1970 a meno di 1,3 alla fine degli anni Ottanta, ben al di sotto del livello (2,1) che assicura la stabilità di una popolazione.

La relazione tra numero dei figli e livelli di attività è netta anche in Italia, ma il significato non è ovvio. Le donne hanno meno figli perché lavorano di più o lavorano di più perché hanno meno figli? Oppure sia la minore fertilità, sia la maggior partecipazione al lavoro dipendono entrambe dal mutamento dei valori culturali o dell'organizzazione sociale?

I livelli di istruzione

Senza dubbio un ruolo rilevante ha avuto la forte crescita dell'istruzione superiore, che dalla fine degli anni Sessanta ha interessato le nuove generazioni e soprattutto quelle femminili. Come per altri aspetti, il recupero di un grave ritardo storico è stato molto veloce, anche se poi la crescita si è fermata. In un ventennio il «balzo» in alto dei tassi di scolarità delle giovani donne è stato tale che alla fine degli anni Ottanta vi è stato il sorpasso: le ventenni sono ormai più istruite dei loro coetanei maschi e il distacco è destinato ad aumentare. L'impatto sull'offerta di lavoro è stato immediato, poiché la propensione al lavoro della donne aumenta nettamente man mano che crescono i livelli di istruzione: ad esempio, da 25 a 49 anni il tasso di attività delle laureate è quasi due volte e mezzo quello delle donne con la licenza elementare. Inoltre per le donne istruite la presenza sul mercato del lavoro rimane alta anche nella fase del matrimonio e della nascita dei figli.

L'aumento dell'offerta di lavoro femminile si deve quasi del tutto al numero sempre maggiore di giovani donne che hanno conseguito un diploma o una laurea. L'aumento dell'istruzione superiore ha così restituito, e «con gli interessi», quanto aveva sottratto al mercato del lavoro negli anni Sessanta. Dapprima ha ridotto il volume dell'offerta, ritardando l'ingresso nella vita attiva di una quota crescente delle nuove generazioni; poi, stabilizzatisi i tassi di scolarità, ha provocato per i maschi un mero «dislocamento» dell'offerta da una fascia non istruita a una istruita, e per le femmine un forte aumento dell'offerta.

La relazione tra istruzione e partecipazione al lavoro delle donne, che non è solo italiana, si suole spiegare in due modi non incompatibili. Secondo la teoria del «capitale umano» l'alta scolarità spingerebbe le donne a cercare un'occupazione perché l'istruzione viene vista come un investimento costoso da far rendere con un'attività lavorativa. Per contro alla scuola può essere attribuita una funzione emancipatrice, poiché le donne vi troverebbero nuovi valori e modelli di riferimento che le spingono a cercare un'autonomia personale attraverso il lavoro senza passare più dalla sudditanza verso i genitori a quella verso un marito. Tuttavia vi possono essere due punti di vista diversi, ma convergenti: quello della famiglia, che vuole essere ripagata dell'investimento realizzato facendo studiare la figlia, e quello della figlia, che vuole avere quell'autonomia dal genere maschile che lo stesso processo educativo le ha mostrato essere possibile, poiché il rendimento scolastico delle studentesse è migliore di quello dei coetanei maschi.

Proseguire nel lavoro in età adulta per le più istruite può essere spiegato come desiderio, stavolta non più familiare, di «far rendere» il capitale educativo; tuttavia l'attaccamento al lavoro è maggiore se l'occupazione è piacevole e gratificante, come accade quando è più qualificata. Quindi anche quando si deve decidere se restare nel mercato del lavoro di fronte agli impegni della nuova famiglia, le due spiegazioni convergono. D'altro canto buona parte delle laureate e delle diplomate trova lavoro nel pubblico impiego, mentre è più probabile che le donne non istruite lavorino nei servizi privati meno qualificati e tutelati. Poiché il settore pubblico presenta condizioni di lavoro che meglio si conciliano con l'assunzione di compiti familiari, ciò potrebbe spiegare i più elevati livelli di attività delle donne istruite in età adulta, anche quando devono badare a più di un figlio.

Ci si può chiedere perciò se la crescita dell'occupazione femminile italiana senza *part time* si debba anche al fatto che il predominio del tempo pieno è almeno in parte solo formale o è attenuato dalla scarsa costrittività di alcuni contesti lavorativi, in cui è sempre possibile chiedere un permesso o fare una telefonata.

Lavori «da donna»?

La crescita dell'occupazione femminile è stata dapprima vista nel quadro dello sviluppo del mercato del lavoro secondario, quello del lavoro a domicilio e delle piccole imprese che usano lavoro irregolare e precario per «aggirare» la rigidità dei maschi adulti e ridurre il costo del lavoro. Le donne sarebbero state disponibili ad accettare tali attività perché profondamente identificate nel tradizionale ruolo in seno alla famiglia e poco interessate a un inserimento stabile e regolare nell'occupazione dipendente industriale. Nasce lo stereotipo della forza lavoro femminile «debole» e «marginale», che presenta caratteristiche di discontinuità, scarso attaccamento al lavoro, disponibilità soltanto a orari ridotti o a un impegno stagionale, un tempo considerate poco compatibili con un'elevata produttività, ma ora preziose per un sistema economico alla ricerca di flessibilità che consenta di reggere la crescente variabilità e incertezza.

Tuttavia questa lettura, se coglie un fenomeno reale, ignora non solo lo sviluppo del settore dei servizi, ma anche i profondi mutamenti nei comportamenti delle donne: soprattutto per le sempre più numerose donne istruite, la stabilità occupazionale in età adulta non è molto inferiore a quella dei maschi. La loro occupazione non è più confinata nei settori in declino (nelle regioni centrosettentrionali anche il lavoro a domicilio diminuisce), ma risulta ormai inserita in quelli in crescita, e tra i nuovi occupati le donne sono molto più istruite dei maschi.

Tutto ciò si deve al fatto che l'aumento dell'occupazione delle donne si concentra nei servizi, che anche in Italia si avviano a diventare un settore a prevalenza femminile, poiché la quota di donne ha superato il 40%. E anche la crescita relativa della presenza femminile nel settore industriale si spiega con il forte aumento degli impiegati, che sempre più spesso sono donne. Dopo aver visto come l'offerta di lavoro delle donne si è «mascolinizzata», ora occorre vedere come si è «femminilizzata» la domanda.

Quasi un terzo della nuova occupazione femminile nel terziario si deve al settore commercio, turismo e ristorazione, alla cui crescita le donne contribuiscono per oltre la metà. Si tratta di commesse nella grande distribuzione e cameriere, ma anche di interpreti, contabili, analiste di marketing, impiegate in agenzie di pubblicità. Cospicuo è il contributo del credito: sono donne il 70% dei nuovi impiegati e funzionari delle banche e delle società assicurative e finanziarie. Infine oltre il 30% dell'espansione dell'occupazione femminile si deve al pubblico impiego (soprattutto scuola e sanità) e quasi il 20% ai servizi privati alla persona (dai servizi domestici alle palestre).

Questa nuova domanda si è rivolta essenzialmente alle donne perché gran parte dei servizi sociali e personali non è altro che la professionalizzazione di attività che venivano svolte un tempo in seno alla famiglia. L'offerta di lavoro femminile ha creato parte almeno della sua domanda, poiché per manifestarsi ha avuto bisogno di chiedere allo stato o al mercato di fornire i servizi necessari a ridurre il peso dei compiti familiari. Si è così avviato un circuito virtuoso, che però il forte calo delle nascite tende ora a interrompere con effetti negativi sull'occupazione femminile, solo in parte destinati a essere riequilibrati dai nuovi servizi di cura per gli anziani, in grande sviluppo.

Alle particolari condizioni di lavoro nel pubblico impiego si è spesso attribuito un ruolo importante nel consentire alle donne sposate e con figli di conservare la propria occupazione. Il tempo pieno in realtà è un orario ridotto a 36 ore e spesso articolato in una sola «lunga mattina». E nella scuola le ore di presenza variano da 23 a 30. I congedi per la cura dei figli non sono certo quelli svedesi, né sono più lunghi che nel settore privato, ma ciò che più conta è il contesto informale. Per vari motivi, dal debole controllo gerarchico sino al clientelismo politico, nell'impiego pubblico l'ambiente è spesso poco costrittivo, se non lassista. Ciò consente flessibilità maggiori anche di quelle già previste, per quanto riguarda ad esempio le brevi assenze. Che nei servizi pubblici un orario «abbreviato» sostituisca il *part time* nel favorire la partecipazione femminile al lavoro sembra essere un fenomeno comune ai paesi dell'Europa meridionale.

Tuttavia solo una minoranza, pur cospicua, di donne ha trovato lavoro nel pubblico impiego e alcune lavorano con orari su turni variabili, che certamente non agevolano la presenza in famiglia. Le altre sono occupate in settori dei servizi ove negli altri paesi europei è molto diffuso il lavoro a tempo parziale, ma in Italia la quota di *part time* è appena superiore alla bassissima media nazionale e il tempo pieno è uguale a quello dell'industria. È possibile però che vi siano una distribuzione dell'orario più favorevole alle donne e a volte un ambiente di lavoro più tollerante (permessi, brevi assenze, accesso al telefono). Senza dubbio quando il lavoro è svolto in forma indipendente (il piccolo negozio, la pensione a gestione familiare) i gradi di elasticità possono essere molto ampi. Ma le donne sono sempre meno semplici collaboratrici in un'impresa familiare e sempre più professioniste, cui è richiesto un forte investimento personale e di tempo nel lavoro. Perciò nei servizi privati non si sono certo sviluppati rilevanti margini di adattamento alle esigenze poste dalla vita familiare.

La crescente domanda per attività considerate «tipicamente femminili» (dalle insegnanti alle infermiere, dalle cameriere alle commesse) può aver favorito l'ingresso delle donne nel mercato del lavoro, proteggendole dalla concorrenza maschile, anche se alcune professioni, come quella di insegnante di scuola media, si sono femminilizzate lungo questo processo. Il rovescio della medaglia è la segregazione, cioè la concentrazione delle donne in settori o in occupazioni dove sono dominanti e, per contro la loro esclusione da quelli «a predominio maschile». Se si aggiunge che le occupazioni o i settori femminili sarebbero peggiori di quelli maschili per retribuzioni, carriera e condizioni di lavoro, alla crescita del lavoro femminile si può accompagnare la sua ghettizzazione.

I perché della segregazione femminile

Questo è il quadro comunemente delineato nei paesi in cui è aumentata la partecipazione delle donne al lavoro. Ma la situazione italiana appare un poco meno semplice.

Se consideriamo la segregazione orizzontale, che misura la concentrazione in professioni e settori differenti, le analisi comparative tra paesi a diverso livello di presenza femminile nel mercato del lavoro hanno rivelato uno strano paradosso. I paesi considerati all'avanguardia per l'inserimento delle donne, quali la Gran Bretagna e quelli nordici, presentano i più elevati indici di segregazione, mentre Grecia e Italia si contendono il primato della minore segregazione. Si potrebbe dire che una maggior segregazione è il contrappasso che la crescita della partecipazione femminile al lavoro deve subire, finché raggiunga livelli tali da indebolire la concorrenza dei maschi e la cultura femminista diventi largamente diffusa.

Il principale fattore cui si attribuisce la crescita parallela dell'occupazione e della segregazione femminile è l'aumento dell'occupazione nei servizi, che offrirebbe alle donne molte occasioni di lavoro concentrandole tra gli impiegati esecutivi, gli addetti alle vendite e quelli ai servizi sociali. Ora in Italia la quota dei servizi è simile o quasi a quella di paesi con livelli di segregazione molto superiori e le donne sono abbastanza presenti in occupazioni «di prestigio» direttive, amministrative e professionali, contrariamente a quanto accade in altri paesi poco più «segregati». Si può pensare perciò che la bassa segregazione in Italia si regga sulla scarsa presenza dei lavori a tempo parziale, appositamente «costruiti» per impiegare donne, e sulla maggior diffusione di procedure formalizzate di assunzione, che non penalizzano le donne.

Poiché quasi ovunque l'occupazione femminile è cresciuta proprio grazie al lavoro a tempo parziale, si confermerebbe per altra via che la segregazione costituisce il contrappasso della più elevata partecipazione al lavoro delle donne. D'altro canto la crescita dell'occupazione femminile con istruzione superiore in Italia è in larga misura dovuta all'espansione della domanda in settori, come il pubblico impiego, ove la selezione all'ingresso avviene per concorso su titoli ed esami, nel quale le donne ripetono i successi già conseguiti a scuola o nelle università.

Bisognerebbe attendere a trarre conclusioni definitive, poiché nelle burocrazie pubbliche e private l'anzianità di servizio è una componente essenziale della carriera e le donne ne hanno ancora molto meno degli uomini. Tuttavia, nell'arco della carriera, le prime indagini indicano per le donne situazioni di svantaggio molto superiori a quelle della fase di ingresso. Ciò per due motivi. In primo luogo, le carriere continuano a richiedere elevati investimenti di tempo e di disponibilità (in particolare alla mobilità geografica) che mal si conciliano con la presenza in famiglia. La «donna in carriera» è perciò costretta ad assumere modelli maschili di coinvolgimento totale nel lavoro. Inoltre, persino nelle organizzazioni più burocratiche, i meccanismi di progressione nella carriera dipendono in larga misura dalla cooptazione. Le donne sono le «ultime venute», si trovano perciò a dover essere valutate da superiori uomini, che tendono a seguire criteri di «affinità elettive». E le cerchie di relazioni sociali non possono che essere maschili, poiché le posizioni di potere nelle imprese e nei ministeri sono occupate da uomini. È dunque possibile che si vada a una situazione schizofrenica, per cui le grandi organizzazioni private e pubbliche assumono sempre più donne, anche a livelli elevati, data la maggiore istruzione, e senza ghettizzarle in posti a tempo parziale, ma ne bloccano la carriera ai gradini iniziali.

7. Nord-sud:
due mercati del lavoro a confronto

L'Italia è il paese europeo ove maggiori sono le differenze territoriali. Mentre non poche regioni del centro-nord sono ora prossime al pieno impiego, nel Mezzogiorno la disoccupazione è di massa, tanto che ci si può chiedere quale significato conservino le medie nazionali dei tassi di disoccupazione.

Dall'emigrazione alla disoccupazione

Negli anni Settanta si pensava che l'emergere di sistemi di sviluppo locale, fondati sulle piccole imprese, fosse destinato ad attenuare lo storico dualismo nord-sud. In effetti tra gli anni Sessanta e i primi anni Settanta la situazione del mercato del lavoro meridionale si era avvicinata a quella del mercato del lavoro centrosettentrionale.

La caduta dell'occupazione nel Mezzogiorno era stata più forte che non nel centro-nord, ma la parallela riduzione delle forze di lavoro era stata molto più rapida a causa del massiccio esodo, che aveva sfoltito le nuove leve: quasi i tre quarti dell'aumento dell'offerta di lavoro erano emigrati verso l'estero o le regioni nordoccidentali. Per qualche anno l'emigrazione fu tale da ridurre la popolazione totale. Il tasso di disoccupazione perciò crollò dal 14-15% del 1956 sino a poco più del 5% nel 1963, anche se in un'economia agricola, come era ancora quella meridionale, un basso tasso di disoccupazione nascondeva molta sottoccupazione a infimo reddito.

Nel centro-nord l'occupazione diminuì di poco, mentre in misura maggiore si ridusse l'offerta di lavoro per il forte calo dei tassi di attività, dovuto alla maggiore scolarità dei giovani e al ritiro dal lavoro delle donne, soltanto in parte sostituiti da maschi immigrati dal Mezzogiorno. Perciò per tutti questi anni la differenza tra i tassi di disoccupazione del Mezzogiorno e del centro-nord fu minima.

Dal 1972 anche nel Mezzogiorno l'occupazione comincia a crescere, per qualche anno a un ritmo superiore a quello del centro-nord. Ancora più rapidamente però prende a crescere l'offerta di lavoro soprattutto per il crollo dei flussi migratori, che dal 1974 quasi si arrestano. Sicché l'economia meridionale si trova nuovamente di fronte alla necessità di soddisfare le richieste di occupazione di tutta la propria offerta di lavoro, senza poterne più «esportare» una parte consistente. Tra la crescita dell'occupazione e quella delle forze di lavoro si apre nel Mezzogiorno una «forbice» sempre più larga e senza alcun confronto con la modesta divaricazione del centro-nord. Il tasso di disoccupazione «decolla» verso livelli sempre più alti, mentre quello delle regioni centrosettentrionali aumenta solo di poco.

L'eguale ritmo di aumento dell'occupazione non deve trarre in inganno, poiché avviene su basi radicalmente diverse. Nel centro-nord il tasso di occupazione, che indica quante persone lavorano per mantenere le altre, sale ancora oltre il 41%, mentre nel Mezzogiorno resta stabile sul 31%. Quindi la disoccupazione meridionale poggia su una base occupazionale molto meno solida. Anche nel Mezzogiorno l'occupazione femminile cresce più di quella maschile, ma un reale processo di sostituzione dei maschi da parte delle donne interessa solo il centro-nord, dove la spinta demografica si è ormai esaurita.

La situazione del Mezzogiorno si distingue da quella del centro-nord appunto perché la crescita demografica rimane forte e provoca un aumento ancora importante delle nuove leve alla ricerca di un lavoro. Il calo delle nascite nel Mezzogiorno è iniziato più tardi rispetto al centro-nord e i suoi effetti sul mercato del lavoro non si vedranno prima del 2010. Invece nelle regioni dell'Italia centrale, ove la popolazione è stabile, e ancor più in quelle settentrionali, ove comincia a declinare, il debole aumento dell'offerta di lavoro è tutto dovuto alla più alta partecipazione delle donne.

In appena quindici anni il tasso di disoccupazione nel Mezzogiorno addirittura raddoppia: dal 10,2% al 20,4%. Nel centro-nord invece l'aumento è molto più contenuto: dal 5,5% al 7,1%. L'abisso che si è venuto a creare tra centro-nord e sud è ben raffigurato dal rapporto tra i tassi di disoccupazione, che, dopo essere rimasto sino al 1985 intorno a 1,8-2, poi in soli quattro anni balza a un valore superiore a 3, anche perché dal 1987 l'occupazione meridionale non cresce più. All'inizio degli anni Novanta nel Mezzogiorno una persona in cerca di lavoro corre un rischio di non riuscire a trovarlo più che triplo rispetto al centro-nord; la situazione è ancora peggiore per i maschi e se si considerano le sole regioni settentrionali, poiché in tal caso il rischio è quadruplo.

Il grave deterioramento del mercato del lavoro meridionale e il suo distacco da quello centrosettentrionale si concentrano in un breve periodo. In soli tre anni, dal 1986 al 1988, il tasso di disoccupazione meridionale cresce dal 14% a quasi il 21%, poiché a fronte di una caduta dell'occupazione le forze di lavoro continuano a crescere a un ritmo ancora più elevato. Per contro, questi sono gli anni di maggior crescita dell'occupazione nel nord, dopo la recessione della prima metà degli anni Ottanta, che invece aveva coinciso con un periodo abbastanza positivo per l'occupazione meridionale. Il divario, che per qualche anno era rimasto stabile o si era persino un poco ridotto, diventa rapidamente un abisso, poiché il tasso di disoccupazione settentrionale diminuisce non di poco, tornando ai livelli di fine anni Settanta, e quello delle regioni centrali prosegue nella sua lentissima crescita.

Dal 1989 la situazione del mercato del lavoro meridionale si stabilizza, sia pure ai gravissimi livelli raggiunti, non tanto per un debole incremento dell'occupazione, quanto soprattutto perché rallenta la crescita dell'offerta di lavoro. Contrariamente a quanto accade nel centro-nord, il tasso di attività femminile arresta la sua crescita, perché molte donne sono scoraggiate da una ricerca del lavoro troppo difficile. Poi la crisi del 1992 colpisce il mercato del lavoro meridionale ancor più di quello del centro-nord.

Con la crisi, in Italia il già basso tasso di occupazione cade sotto il 36%, annullando tutta una lentissima crescita durata vent'anni. Ancor più drammatica è la caduta di questo indice di benessere economico nel Mezzogiorno: dal 31% a poco più del 28% in soli due anni, con un brusco aumento del divario rispetto al centro-nord, ove il tasso di occupazione si riduce dal 41% a poco meno del 40%. La «forbice» tra i tassi di disoccupazione raggiunge un'apertura quale mai si era vista nel dopoguerra: il tasso di disoccupazione delle regioni meridionali è ben oltre il triplo di quello delle regioni settentrionali e ben oltre il doppio di quello delle regioni centrali.

Squilibri di oggi e di domani

La ripresa economica avviatasi a metà 1994 ottiene il risultato di stabilizzare i livelli occupazionali nel centro-nord, mentre nel Mezzogiorno l'occupazione continua a declinare e il tasso di disoccupazione ad aumentare. Invece, nelle regioni centrosettentrionali, poiché l'offerta di lavoro si riduce sempre più per ragioni demografiche, sia pur di pochissimo i tassi di disoccupazione diminuiscono, soprattutto per i maschi. E nelle province in cui più «tira» la produzione industriale, quelle del nord-est, le imprese cominciano a denunciare gravi carenze di forza lavoro operaia, non solo qualificata. Altrettante tensioni non si verificano sul mercato del lavoro non manuale, anzi nelle stesse aree la concorrenza per i posti da impiegato resta accesa. Le imprese tendono sempre a enfatizzare le carenze di lavoratori, che vorrebbero subito disponibili e senza troppe pretese. Potrebbe però essere il primo segnale di un problema destinato ad assumere grande rilievo in un futuro non lontano.

Infatti è certo che l'offerta di lavoro si ridurrà e in misura cospicua, soprattutto nel centro-nord. La popolazione in età lavorativa in Italia ha già raggiunto la sua massima espansione nel 1997, successivamente per almeno vent'anni le sempre più ridotte generazioni di giovani non riusciranno a compensare «uscite» degli anziani, prima stabili e poi in aumento. In realtà i giovani destinati a entrare nel mercato del lavoro saranno ancora meno, perché i livelli di istruzione dovranno aumentare sino a un livello europeo. Il calo dell'offerta di lavoro sarà però rallentato dalla maggiore partecipazione del lavoro delle donne e degli anziani.

Nel generale invecchiamento della popolazione europea, l'Italia è il paese in cui il rapporto tra anziani e adulti cresce più in fretta. È quindi inevitabile che si debba ritardare l'età di effettivo ritiro dal lavoro, finora tra le più basse. Tale processo sarà aiutato dalla crescita dei livelli di istruzione dei lavoratori, poiché già ora si nota che l'uscita definitiva dal lavoro è tanto più ritardata e lenta quanto più elevato è il titolo di studio. Poiché l'istruzione è un indicatore del tipo di lavoro, ciò vuol dire che nelle occupazioni non manuali si continua a lavorare più a lungo, anche perché si comincia a lavorare più tardi. La maggiore diffusione di queste attività dovrebbe consentire di mantenere attiva una quota molto maggiore di persone in età avanzata. I traumi della riforma pensionistica a metà degli anni Novanta dipendono dal fatto che sono prossime alla pensione generazioni con una scolarità molto bassa che hanno iniziato a lavorare giovanissime in mansioni manuali spesso pesanti.

In futuro l'offerta di lavoro sarà sempre minore e sempre più composta di donne e persone in età avanzata, cui toccherà il compito di mantenere crescenti fasce di persone nella terza e quarta età con un impiego crescente di risorse materiali e umane. Perciò non deve sembrare assurdo parlare di carenze di forza lavoro nel momento in cui la disoccupazione in Italia raggiunge il suo più alto livello dal dopoguerra. Anche perché l'andamento sarà molto squilibrato in termini territoriali, con un centro-nord prossimo al pieno impiego e un Mezzogiorno ancora per molto tempo segnato da una disoccupazione di massa.

Questa frattura appare ancora più forte se si considera una più fine articolazione territoriale. Da una parte Lombardia ed Emilia-Romagna dividono con le regioni tedesche del Baden-Württemberg e della Baviera il primato europeo della minore disoccupazione in Europa; dall'altra Campania e Sicilia gareggiano con Andalusia ed Estremadura in Spagna per il primato opposto. In Sicilia una persona deve mantenerne altre quattro, poiché il tasso di occupazione non raggiunge il 26%, mentre in Emilia-Romagna siamo vicini a una situazione in cui una persona deve mantenerne solo un'altra, poiché il tasso è pari al 43%. Sono squilibri unici nei paesi avanzati, poiché non riguardano aree ristrette, bensì grandi regioni con milioni di abitanti. A livello provinciale si deve parlare di mondi diversi: vi sono province meridionali con un tasso di disoccupazione dieci volte superiore a quello di province settentrionali e un tasso di occupazione pari alla metà. Intorno a queste crude cifre si organizzano sistemi economici e sociali molto differenti, che inevitabilmente confliggono con aspirazioni ormai largamente comuni anche per l'influenza dei mezzi di comunicazione di massa.

La scarsa mobilità interna

La crescita sino a livelli estremi delle differenze nella probabilità di trovare lavoro non ha però provocato una ripresa dell'emigrazione da sud a nord. Occorre perciò chiedersi quali fattori abbiano impedito la mobilità territoriale.

Benché vi siano paesi tradizionalmente più «mobili», come gli Stati Uniti, e altri meno, come quelli della «vecchia» Europa, la tendenza alla riduzione della mobilità interna è comune a quasi tutti i paesi avanzati, pur a fronte di forti squilibri nei tassi regionali di disoccupazione. Anche la caduta dei movimenti migratori tra i paesi dell'Unione europea, che accompagna la scomparsa degli ostacoli normativi, sembra suggerire che il maggiore benessere economico, unito alla crescente protezione dello stato sociale, comporta un caduta della mobilità a lungo raggio dettata dalla ricerca di lavoro. Quando la sopravvivenza è assicurata, tra i costi dell'emigrazione crescono quelli psicologici dello sradicamento. Semmai comincia a prendere rilievo un nuovo spazio migratorio per le *élites* professionali: ricercatori, funzionari di società multinazionali, ecc.

Quanto all'Italia, l'enorme divario territoriale apertosi nella seconda metà degli anni Ottanta provoca un'insignificante ripresa del saldo emigratorio dal Mezzogiorno solo dal 1988. Persino il particolare canale previsto da una legge del 1987 per consentire ai lavoratori meridionali di accedere ai livelli più bassi delle carriere esecutive nei comuni e negli enti pubblici del centro-nord si è rivelato un fallimento. Molti si sono iscritti alle speciali liste di collocamento, ma pochi hanno accettato di fare i bidelli a Brescia o gli addetti alle pulizie di un ospedale di Parma. Tale esito ha messo in crisi l'ipotesi che un giovane disoccupato meridionale fosse disposto ad andare dovunque e a fare qualsiasi lavoro pur di conquistare un «posto pubblico».

Secondo l'indagine sulle forze di lavoro, la disponibilità dei giovani in cerca di lavoro a emigrare è significativamente maggiore nel Mezzogiorno rispetto al centro-nord solo per i diplomati, mentre è addirittura inferiore per i laureati. Anche altre ricerche rilevano una scarsa propensione a considerare la prospettiva di cambiare residenza per motivi di lavoro se non a determinate condizioni, che per lo più si compendiano nella sicurezza del posto, nel livello di retribuzione e nella possibilità di un rapido rientro. Il grado di disponibilità è minore oltre che per le donne, anche per chi ha un'attività lavorativa, sia pur quasi sempre precaria e a basso reddito.

Questi atteggiamenti rivelano che l'aumento dei livelli di scolarità e dei redditi familiari ha ampliato i «gradi di libertà» dell'offerta di lavoro meridionale. Quando si può «vivere a casa propria» pur restando a lungo senza un'occupazione normale e regolare è ovvio che ai vantaggi si contrappongano i costi, non solo economici, di un'emigrazione per lavoro. Poiché mobilità non vi è stata, occorre quindi chiedersi perché l'esito di questo confronto è stato negativo.

Perché i disoccupati non emigrano?

Innanzitutto non è affatto detto che bastino forti differenze nei tassi di disoccupazione, e perciò nel rischio di restare senza un lavoro regolare, per provocare movimenti migratori. Studi condotti in altri paesi hanno mostrato che il fattore decisivo non è il livello delle differenze, ma il tasso di disoccupazione delle potenziali zone di arrivo: se è alto, i lavoratori si sentono più sicuri dove si trovano, perché possono giovarsi dei sostegni della famiglia. Così si spiega la massiccia emigrazione da sud a nord degli anni Sessanta: lo scarto tra i tassi regionali di disoccupazione era basso, ma nel centro-nord vi era pieno impiego. E si comprende l'assenza di movimenti migratori dalla metà degli anni Settanta alla metà degli anni Ottanta, quando il divario aumenta, ma cresce anche la disoccupazione nelle regioni centrosettentrionali. L'emigrazione però avrebbe dovuto riprendere dal 1985, quando all'ulteriore crescita del divario si accompagna la netta riduzione della disoccupazione nel centro-nord. Poiché la ripresa è stata minima, occorrono altre spiegazioni.

Tra i fattori che frenano la mobilità territoriale non vi dovrebbero essere le differenze retributive, poiché nel settore privato le «gabbie salariali» di fatto esistono già. Si può però obiettare che nel Mezzogiorno la retribuzione di riferimento non è quella del settore privato, ove impera il sottosalario, bensì quella del pubblico impiego, che è uniforme in tutto il paese e per le fasce basse non è affatto inferiore ai salari di molte imprese centrosettentrionali. In effetti, a parità di genere, posizione familiare e ovviamente titolo di studio, il salario minimo per cui ci si dichiara disposti ad accettare un lavoro è nel Mezzogiorno molto maggiore che nel centro-nord. Ciò può apparire paradossale se si considera la sempre più scarsa probabilità di accedere a un «posto pubblico» e le bassissime retribuzioni che di fatto si accettano nell'economia sommersa. Ma occorre tenere presente che nel Mezzogiorno un solo salario deve mantenere più persone e che la mobilità sociale sul lavoro è molto minore, per cui bisogna badare di più a un ingresso nell'occupazione regolare che può condizionare pesantemente le possibilità successive.

Debole appare anche l'ipotesi di uno squilibrio qualitativo tra le caratteristiche dei lavoratori disponibili nel Mezzogiorno e i requisiti posti dalla domanda di lavoro nelle regioni del centro-nord, poiché almeno per certe fasce tali squilibri non esistono e meccanismi di aggiustamento sono sempre possibili. Piuttosto occorre guardare a quanto accade nel sistema socio-economico meridionale, a come è mutato il ruolo del salario individuale nel determinare il tenore di vita di una famiglia e alle diverse modalità con cui si trova lavoro una volta finito il dominio della grande impresa.

Secondo una previsione avanzata vent'anni fa, l'emigrazione meridionale non sarebbe più ripresa per la caduta dell'«effetto di spinta» causata dall'intreccio tra politica assistenziale e occupazione irregolare. Tuttora il meccanismo ridistributivo che passa attraverso la finanza pubblica continua a consentire al Mezzogiorno livelli di reddito e di consumo superiori a quelli compatibili con i livelli di attività produttiva. È bene ribadire che l'economia meridionale è «assistita» non perché la spesa (e l'occupazione) pubblica per abitante sia superiore a quella delle altre regioni, anzi spesso è vero il contrario. Invece i prelievi fiscali e contributivi, essendo progressivi o legati alle attività economiche, sono ovviamente inferiori nelle regioni del Mezzogiorno, più povere e meno attive. Perciò la differenza tra prelievi e spesa pubblica è positiva al nord e negativa al sud. In un sistema centralizzato tale squilibrio provoca forti, quanto automatici trasferimenti di risorse economiche da nord a sud.

Il livello artificiosamente elevato dei consumi favorisce lo sviluppo di un'abnorme occupazione nel settore commerciale e dei servizi alla persona. Ai trasferimenti pubblici da nord a sud si aggiungono quelli privati in seno alle famiglie: anche nel Mezzogiorno le persone in cerca di lavoro sono per lo più giovani mantenuti dai guadagni del capofamiglia. Ciò permette loro di reggere anche a lungo una strategia di attesa del «posto buono» e una disponibilità molto condizionata all'emigrazione interna.

D'altro canto i costi di insediamento nelle regioni del centro-nord sono diventati quasi insostenibili, non solo perché il costo della vita è più alto, ma anche perché nel determinare il tenore di vita è sempre maggiore il peso di elementi diversi dal salario individuale: la proprietà della casa, l'aiuto di parenti e amici, i redditi familiari aggiuntivi. Condizioni favorevoli che inevitabilmente si perdono lasciando il contesto di origine. Per sostenere tali costi dovrebbe essere possibile emigrare «in coppia», ma le difficoltà per una giovane coppia meridionale di trovare lavoro non lontano e un alloggio con affitti accettabili risultano ancora più ardue.

A tutte queste difficoltà si aggiunge quella di «entrare in contatto» con la domanda di lavoro. Con la crisi delle grandi imprese manifatturiere nel centro-nord scompare un principio organizzatore dell'intero mercato del lavoro. Le grandi imprese regolavano una serie di sotto-mercati e di percorsi lavorativi dall'edilizia e dalle piccole fabbriche. I loro «blocchi di domanda» erano visibili a grande distanza: nella stagione della grande immigrazione nel triangolo industriale Milano-Torino-Genova quasi mai i lavoratori meridionali avevano il posto sicuro nella grande fabbrica, ma questo era l'obiettivo ben noto e chiari i modi per arrivarvi. Invece le piccole imprese operano su mercati del lavoro locali, costruiti su catene di conoscenze personali, poiché non hanno né la visibilità, né gli uffici del personale per poter «pescare» su mercati più ampi. Dai mercati locali chi dovrebbe immigrarvi è di fatto «tagliato fuori». A queste difficoltà non sopperiscono dei moderni servizi pubblici per l'impiego, ancora assenti in Italia. La stessa prevalenza delle piccole imprese aumenta il grado di incertezza dei posti di lavoro. Sicché la prospettiva di un lavoro di breve durata e di una successiva ricerca in un contesto sociale poco noto e privo di sostegni familiari non spinge certo a sostenere l'investimento economico e psicologico dell'emigrazione.

8. Dall'industria al terziario

Tutta la crescita dell'occupazione italiana da metà anni Settanta si deve alle attività «terziarie», cioè a quelle che non sono né agricole né industriali, mentre agricoltura e industria perdono addetti, sicché la quota di occupati nel terziario giunge a sfiorare il 60% e anche l'Italia diventa una «società dei servizi». Il processo di terziarizzazione è ancora più accentuato nel Mezzogiorno, ove l'industria (edilizia compresa) non ha mai superato di molto un quarto dell'occupazione. In meno di una generazione il Mezzogiorno è passato da un'economia agricola a una fondata sui servizi, saltando la fase industriale che ha segnato a lungo il nord e ancor più i paesi dell'Europa centrosettentrionale.

La «società dei servizi»

La tendenza è comune a tutte le società sviluppate, tuttavia i percorsi seguiti sono differenti. Per comprenderli e cogliere la specificità italiana occorre distinguere all'interno del terziario i servizi per le imprese da quelli per le persone.

L'aumento degli addetti ai servizi alle imprese è almeno in parte frutto di una deformazione statistica dovuta alla crescente specializzazione: quando un'impresa manifatturiera decide di «portare all'esterno» i suoi uffici pubblicità o ricerche di mercato trasformandoli in imprese autonome, cui ricorrere con contratti di consulenza, l'occupazione industriale diminuisce e quella terziaria aumenta, sebbene di fatto nulla sia cambiato quanto alle prestazioni lavorative. La classica tripartizione tra agricoltura, industria e terziario classifica infatti gli occupati secondo il prodotto finale dell'impresa ove lavorano, senza considerare la mansione che definisce la loro collocazione professionale. Nei confronti internazionali occorre tener conto che l'industria può avere una diversa propensione a «portare all'esterno» i propri servizi. Ad esempio, tale propensione è alta nell'Italia delle piccole imprese a gestione familiare e molto bassa nella Germania delle grandi imprese controllate dal capitale bancario e soggette alla cogestione sindacale.

Invece la dinamica dei servizi finali per il consumo (dalla sanità all'istruzione, dalla sicurezza alla ristorazione) dipende da come sono svolte le funzioni che consentono a una società di riprodursi: se ogni famiglia costituisce un'entità autosufficiente, oppure se ci si rivolge a persone «specializzate» (dagli agenti di polizia agli insegnanti, dai cuochi agli amministratori pubblici, dai lavoratori domestici ai medici, dai cantanti agli assistenti sociali), che le svolgono come attività lavorativa. Tale alternativa dipende non solo dalla composizione delle famiglie (l'autosufficienza è meno diffusa quando prevalgono quelle unipersonali, o la donna lavora), ma anche dalla politica fiscale e sociale seguita dallo stato. Nei paesi in cui il prelievo fiscale è basso o la spesa pubblica preferisce dare trasferimenti monetari alle famiglie (pensioni, sussidi, ecc.) è più probabile che questi servizi siano autoprodotti in seno alle famiglie o comprati da imprese private. Altri paesi possono invece privilegiare un forte prelievo fiscale e l'offerta di servizi pubblici.

Di fatto si delineano tre situazioni tipiche. La prima (forte carico fiscale e servizi pubblici molto diffusi) è rappresentata dalla Svezia, la seconda (basso carico fiscale e servizi finali affidati al settore privato) dagli Stati Uniti, e la terza (medio-alto carico fiscale, cui corrispondono più trasferimenti monetari alle famiglie che servizi pubblici) dai principali paesi europei, benché la Germania si avvicini al caso svedese e la Gran Bretagna a quello americano.

In Svezia un'alta pressione fiscale ha consentito una forte espansione del settore pubblico (sanità, istruzione, assistenza). I servizi sociali da un lato liberano le donne dai tradizionali compiti di cura della famiglia e dall'altro offrono loro ampie possibilità di lavoro. Opposto è il percorso di terziarizzazione degli Stati Uniti: la domanda di servizi finali per il consumo è altrettanto elevata poiché molte sono le donne occupate e le famiglie unipersonali, ma viene soddisfatta da imprese private, mentre il basso carico fiscale finanzia scarsi servizi pubblici. Lo sviluppo dell'occupazione in alcuni servizi finali privati (ristorazione veloce, distribuzione, pulizie e sicurezza) si spiega con i bassi livelli retributivi e l'ampia disponibilità di forza lavoro femminile ed etnica dequalificata. Ma cospicua è pure la crescita dei servizi privati a elevata qualificazione (scuola, previdenza, sanità) e rilevante è la presenza di servizi per le imprese, anche perché molte multinazionali vi concentrano le proprie «teste» finanziarie e di ricerca-sviluppo.

Invece Francia e soprattutto Germania si caratterizzano per una minore terziarizzazione dovuta al ristagno dei servizi finali privati, frenati dall'alto costo del lavoro, e a una spesa pubblica che privilegia i trasferimenti monetari alle famiglie rispetto ai servizi sociali. A ciò si accompagnano ovviamente una minore occupazione femminile e una maggiore «autoproduzione» di servizi personali e di cura in seno alle famiglie, tra le quali sono meno diffuse quelle unipersonali.

Servizi alle imprese e servizi alle persone

Dunque i processi di terziarizzazione sono molto diversi, pur essendo condizionati dallo stesso cambiamento tecnologico e da una crescita economica simile. In un certo senso la società stessa, organizzando in modi diversi la soddisfazione dei propri bisogni, può decidere non solo la composizione, ma anche il volume dell'occupazione. Ad esempio, la scelta di assistere i bambini o gli anziani non in famiglia, ma in apposite strutture, pubbliche o private, contemporaneamente genera una domanda e un'offerta di lavoro, poiché da un lato occorreranno insegnanti o inservienti e dall'altro molte donne aspireranno a questi posti, una volta ridotto il carico di lavoro familiare. E lo stesso si può dire per altre funzioni di servizio alla persona, dalla ristorazione ai lavori di pulizia.

Il percorso italiano è simile a quello di Germania e Francia per livello di occupazione terziaria, prevalenza dei trasferimenti monetari alle famiglie sull'offerta di servizi pubblici, diffusa autoproduzione di servizi personali e di assistenza in seno alla famiglia allargata, scarsa occupazione femminile, bassa quota di occupati nel settore pubblico.

Occorre infatti sfatare il luogo comune che in Italia vi sia un eccesso di impiego pubblico. Alla fine degli anni Ottanta le amministrazioni pubbliche in Italia non raggiungevano il 16% dell'occupazione totale, come in Germania e meno di Francia (oltre il 22%) e Gran Bretagna (quasi 20%). E i dipendenti pubblici italiani risultano ancor meno in eccesso se si considera la popolazione cui dovrebbero fornire servizi, poiché il tasso di occupazione italiano è decisamente inferiore a quello di questi paesi.

L'aspetto che distingue l'Italia da Francia e Germania è invece un altro: la scarsa occupazione nei servizi per le imprese (dalla ricerca e sviluppo alla finanza) e per contro un'elevata quota di addetti ai servizi finali privati (commercio, pubblici esercizi, turismo, lavoro domestico, e altro). L'Italia è il paese sviluppato con la più bassa quota di occupati nei servizi per le imprese e la più alta nei servizi finali privati, anche più degli Stati Uniti. Quindi risultano poco presenti proprio i servizi a più elevata tecnologia e con una forza lavoro più qualificata. È un indice della prevalenza dell'industria manifatturiera più tradizionale, che non ha grande bisogno di servizi avanzati, e della scarsa capacità del terziario privato di assumere lavoratori istruiti.

Per contro si conferma un altro aspetto dello sviluppo economico italiano: l'abnorme numero di occupati nei servizi commerciali, domestici e professionali rivolti a una clientela privata, cui si aggiunge una molto più giustificata occupazione nel turismo. Si tratta per lo più di occupazione indipendente o in micro-imprese, che ha usufruito fin dal dopoguerra di trattamenti privilegiati sul piano legislativo e fiscale, diretti a conseguire un consenso politico-elettorale tra i ceti medi.

Più recentemente l'occupazione nei servizi è cresciuta anche a causa dell'inefficienza della pubblica amministrazione, che ha costretto imprese e famiglie a ricorrere a servizi privati per ottenere quelle prestazioni che scuole, poste, ospedali, ecc. non sono in grado di fornire con sufficiente tempestività o qualità. Per di più il fenomeno è sottostimato, poiché buona parte di chi lavora in questi servizi «paralleli» ha già una prima occupazione nel settore pubblico. Occorre quindi guardare con una certa prudenza alle più recenti tendenze, dalle quali risulta una forte crescita dei servizi per le imprese, che in quindici anni raddoppiano il loro peso sull'occupazione totale a scapito dei servizi pubblici, poiché almeno in parte potrebbero essere costretti a «duplicare» compiti propri di un settore pubblico inefficiente.

Non perdono terreno invece i servizi privati tradizionali, dal commercio al turismo, che anzi continuano a crescere sino alla crisi economica del 1992, quando i piccoli negozi a gestione familiare cominciano a cedere alla concorrenza dei supermercati e dei grandi centri commerciali. Tanto forte è la caduta dell'occupazione nel commercio, che si incrina il mito dell'espansione dell'intero settore terziario, che durava quasi senza interruzione dal dopoguerra e aveva raggiunto ritmi cospicui negli anni Settanta e Ottanta. Scontato l'aumento dei servizi ricreativi e culturali, quello dei servizi assistenziali e sanitari privati sembra confermare la crescita di una domanda che la sanità pubblica non riesce a soddisfare.

Molto più lento è l'aumento dell'occupazione nei servizi pubblici, che vedono addirittura ridotta la loro quota sul totale dell'occupazione terziaria. Nonostante i molti «buchi», il blocco delle assunzioni avviato dal 1988 ha avuto effetto soprattutto sulle amministrazioni locali e sulla sanità, poiché negli anni Ottanta la crescita si concentra nell'amministrazione centrale dello stato (scuola, ministeri, militari). Invece negli anni Settanta, che fu la grande stagione della crescita del pubblico impiego, le amministrazioni locali (comprese quelle sanitarie) erano aumentate più di quella centrale.

Negli anni Ottanta un forte rallentamento della crescita dell'occupazione pubblica interessa quasi tutti i paesi avanzati, benché ciò possa essere in parte formale a causa della pratica, diffusa anche in Italia, di «appaltare» servizi pubblici a imprese private o a organizzazioni *non profit*. Comunque il contributo del settore pubblico alla crescita dell'occupazione terziaria, che fu determinante negli anni Settanta (oltre il 40%), risulta quasi trascurabile (neppure il 20%) negli anni Ottanta, quando invece diventa schiacciante quello dei servizi privati.

Quanto alle differenze territoriali, la sovra-terziarizzazione del Mezzogiorno deve molto al settore pubblico. Nel 1981, al culmine della sua espansione, la quota del settore pubblico sull'occupazione totale era nelle regioni meridionali da una volta e mezza a due volte quella delle regioni settentrionali. Nel 1991 i dipendenti di ministeri, scuola, poste ed enti locali costituivano quasi il 14% dell'occupazione meridionale contro poco più dell'8% di quella settentrionale. Tuttavia, se si bada al rapporto con la popolazione, cioè con gli utenti cui il settore pubblico dovrebbe fornire i propri servizi, le differenze quasi scompaiono nel 1981 e si attenuano moltissimo nel 1991. Nel Mezzogiorno il peso dell'occupazione pubblica pare dominante soltanto perché è molto più ridotta, rispetto alla popolazione, quella privata.

La riduzione del lavoro manuale

Alla crescita dei servizi si accompagna una riduzione del lavoro manuale e di quello operaio in particolare. I lavoratori dipendenti classificati come operai superavano il 48% di tutti gli occupati alla fine degli anni Sessanta, erano ancora il 46% nel 1981, ma crollano sotto il 38% nel 1992. Il fenomeno è universale; anzi l'Italia risulta in ritardo rispetto a tutti i paesi avanzati: nel 1991 la quota dei lavoratori manuali è scesa in Germania sotto il 32%, in Gran Bretagna a poco più del 28% e negli Stati Uniti addirittura al 26%. E probabilmente il dato italiano è sottostimato, poiché in Italia è maggiore la presenza di lavoratori indipendenti con mansioni manuali (gli artigiani).

Nella riduzione del lavoro manuale assume grande rilievo il declino della sua figura più rappresentativa, l'operaio della grande fabbrica, che compare tardi nella società italiana e presto scompare, travolta dai processi di deindustrializzazione, di decentramento produttivo e di innovazione tecnologica. Il suo momento di maggior espansione sono i primi anni Settanta quando si verificano contemporaneamente tre «picchi»: il livello massimo dell'occupazione manifatturiera, la più elevata percentuale di lavoratori dipendenti e il massimo di occupati nelle grandi fabbriche. La quota di lavoro classificato come operaio nell'industria manifatturiera era in leggero calo dalla fine degli anni Sessanta, ma fino al 1974 superava ancora l'84%: con oltre un terzo dell'occupazione dipendente la classe operaia era al suo culmine.

Tuttavia già nel 1975 la quota dell'industria manifatturiera sull'occupazione dipendente scende sotto il 38% e poco dopo inizia la riduzione anche in valore assoluto, sia pur resa più lenta dalla cassa integrazione, finché all'inizio degli anni Novanta i lavoratori dell'industria manifatturiera sono poco più di un quarto di tutti i dipendenti e gli operai non raggiungono il 20%. Ancora più rapida è la caduta dei lavoratori delle grandi fabbriche. Già negli anni Settanta l'occupazione nelle grandi imprese diminuisce a favore di quella nelle piccole e a metà decennio si arresta la crescita del lavoro dipendente e quello indipendente riprende ad aumentare. Poi è il crollo. Nella deindustrializzazione degli anni Ottanta l'occupazione dipendente nell'industria manifatturiera diminuisce più del 13%, ma quella nelle unità con più di 500 addetti di oltre il 30% e il suo peso si riduce a meno del 19%.

Nelle grandi imprese la percentuale di operai è minore e si riduce più in fretta: nei primi anni Novanta sono scesi al 62%, mentre nelle piccole superano ancora l'80%. Il lavoro operaio si concentra ormai nelle piccole fabbriche, dove si richiedono ancora mansioni dequalificate, faticose e spesso nocive, come ci ricordano i troppo trascurati dati sugli infortuni e sulle malattie da lavoro. Perciò, si può stimare che all'inizio degli anni Novanta gli operai della grande fabbrica siano circa il 6% di tutti gli operai, poco più del 3% dei lavoratori dipendenti e del 2% dell'occupazione totale. In vent'anni la classe operaia «centrale» si è più che dimezzata, ma persino nel momento di massima espansione il suo peso non è andato oltre l'8% dell'occupazione dipendente e il 6% di quella totale.

Il lavoro manuale diminuisce ancor più rapidamente al di fuori dell'industria manifatturiera, sia dove è più presente come nelle costruzioni, sia dove lo è meno come nei servizi. Solo nel commercio e turismo i lavoratori manuali continuano ad aumentare e conservano un peso importante con poco meno del 65% dei dipendenti. Tuttavia la grande espansione del terziario fa sì che all'inizio degli anni Novanta vi lavori oltre il 40% di coloro che sono classificati come operai, mentre neppure il 38% lavorano nell'industria e poco più del 14% in edilizia.

Lo spostamento dell'occupazione dall'industria ai servizi se da un lato contribuisce in misura determinante alla forte crescita del lavoro impiegatizio, spesso a elevato livello di qualificazione, dall'altro crea un cospicuo numero di nuovi lavori manuali, per lo più dequalificati. Sul mercato del lavoro compare l'operaio dei servizi, una figura sconosciuta per l'era moderna, ma ben nota nella storia, poiché sino al Seicento la popolazione dei servitori e dei domestici era enorme. La vera novità sta nel fatto che in passato costoro erano al servizio di una singola famiglia, mentre ora commesse, camerieri, portieri, facchini, guardiani, estetiste, autisti, ecc. prestano per lo più servizi all'intera collettività.

Rispetto all'operaio industriale non qualificato numerose sono le consonanze, ma anche le differenze. In entrambi i casi la prestazione richiesta è molto semplice e non richiede sapere tecnico specifico. Invece alla manualità non si accompagna per gli operai dei servizi uno sforzo fisico altrettanto intenso, ma piuttosto la capacità di resistere a orari e condizioni di lavoro disagiati: turni asociali, ambienti isolati o esposti a intemperie, rapporti servili, ecc. Inoltre il loro status è all'ultimo posto nella scala della valutazione sociale delle occupazioni, mentre quello di operaio nella grande fabbrica poteva essere una conquista per chi veniva dall'agricoltura.

Mobilità e carriera

La mobilità del lavoro è alta, mentre quasi inesistenti sono le possibilità di carriera, poiché vi è una nettissima cesura con le posizioni qualificate dei servizi, cui si accede soltanto grazie a un'elevata istruzione formale. Tuttavia è stato osservato come non sempre si crei un ghetto di «proletari dei servizi». Ciò si deve alle particolari caratteristiche di chi ha più probabilità di svolgere tali lavori: giovani, donne di mezza età, immigrati.

Costoro li vivono come transitori o comunque non centrali per la propria esperienza di vita e chi vi resta «intrappolato» per sempre se ne accorge tardi, quando ormai la capacità di reagire si è affievolita. Si può pensare che la società contemporanea abbia bisogno di lavoratori «secondari», cioè che non trovino nel lavoro che svolgono la fonte primaria della propria identità sociale. Questo è il caso dei giovani che fanno dei lavoretti in attesa del posto, delle donne che considerano quello familiare il loro impegno principale, degli immigrati temporanei che hanno come solo riferimento la società di origine. Forse la presenza di queste figure non è casuale, ma risponde a precise esigenze del mercato del lavoro.

Tale scenario non esclude ovviamente che anche in Italia crescano le occasioni di lavoro qualificato, anche se occorre guardarsi dall'equivoco di confondere i tassi di incremento di una professione con il suo reale contributo alla creazione di posti di lavoro. Le professioni emergenti per il forte ritmo di crescita e l'alto contenuto intellettuale restano però per lo più elitarie; mentre più modesto è spesso il livello di qualificazione di occupazioni che, pur aumentando poco, creano molti nuovi posti di lavoro poiché erano già diffuse. Ad esempio, negli anni Settanta le aree professionali che aumentano più del 50% sono quasi tutte ad alto livello di qualificazione, ma contribuiscono alla creazione di posti di lavoro soltanto per il 30%, nella stessa misura di aree del terziario dequalificato, che presentano tassi di crescita di gran lunga più bassi.

Purtroppo i profondi mutamenti nella classificazione delle professioni dal censimento del 1981 a quello del 1991 non consentono di delineare un quadro aggiornato delle tendenze della struttura occupazionale italiana. È possibile però cogliere due fenomeni che, come in altri paesi, la stanno investendo in modo trasversale. Innanzitutto a causa dell'enorme diffusione dell'uso dei computer, per cui occorre una formazione di base (capacità logiche e simboliche), non compaiono tanto nuove professioni, quanto piuttosto si trasformano quelle tradizionali: dall'architetto che progetta con il *computer aided design* (Cad) al meccanico che ripara un'auto con l'autodiagnosi elettronica. Inoltre nuove competenze comunicative e sociali sono chieste a fasce sempre più ampie di lavoratori. Saper lavorare in gruppo, assumere responsabilità, manipolare rapporti interpersonali sia entro l'organizzazione sia verso l'esterno, essere disponibili a identificarsi nell'attività prestata: queste sono le abilità generali che si devono acquisire.

Informazioni da poco disponibili, e quindi da valutare con prudenza, confermano infine quanto la struttura occupazionale italiana sia ancora arretrata rispetto ai maggiori paesi europei. Le posizioni dirigenziali e ad alto contenuto professionale non raggiungono il 10% contro il 14% della Francia e quasi il 18% della Germania, e quelle tecniche superano appena il 14% contro quasi il 18% della Francia e il 20% della Germania. Per contro maggiore è il peso degli addetti ai servizi commerciali e alla persona: quasi il 17% contro il 15% della Francia e appena l'11% della Germania. E grazie alla forte componente artigiana la percentuale di lavoratori manuali specializzati (22%) supera persino quella della Germania. Questo è il frutto di un sistema industriale fondato sulla piccola impresa, della debolezza della ricerca scientifica e tecnologica, di un commercio frantumato in esercizi familiari e di una pubblica amministrazione squilibrata a favore di uscieri, bidelli e portantini. Si spiega così il minore vantaggio competitivo dei giovani laureati e diplomati, di cui si è detto nel capitolo quarto.

9. Il lavoro indipendente

La modernizzazione di un sistema economico era un tempo associata all'espansione delle grandi organizzazioni produttive a spese del lavoro autonomo e delle piccole imprese familiari. Sino poco oltre la metà degli anni Settanta continua il processo di «salarizzazione» dei lavoratori; poi questa tendenza secolare si arresta in quasi tutti i paesi avanzati e in molti gli occupati indipendenti tornano a crescere anche in termini relativi. In Italia la quota di lavoro indipendente extragricolo, che sfiorava ancora il 30% alla fine degli anni Cinquanta, era scesa sino a raggiungere un minimo del 22% nel 1977, quindi risale sino a superare il 25% nel 1984 e si assesta successivamente intorno al 27%. Clamorosa è la «rinascita» del lavoro indipendente nei paesi ove sembrava in via di estinzione: in Gran Bretagna la percentuale, che alla fine degli anni Settanta era scesa sotto il 7%, aumenta fino a sfiorare il 12% dieci anni dopo e in Svezia da poco più del 4% nel 1986 risale al 7% nel 1990. Tuttavia in tutti i paesi, tranne l'Italia, negli anni Novanta la ripresa del lavoro indipendente si è fermata.

Una realtà varia e articolata

In realtà l'occupazione indipendente è diventata molto più eterogenea. Lavoratore indipendente è chi lavora per proprio conto e dovrebbe poter organizzare la propria attività senza vincoli. Non percepire un salario per il proprio lavoro e quindi sopportare il rischio di impresa oppure stipulare un contratto che ha per oggetto soltanto il risultato della prestazione: questi sono i suoi tradizionali caratteri. Ma si diffondono attività per le quali è difficile cogliere differenze sostanziali con quelle alle dipendenze.

All'interno del lavoro autonomo è possibile distinguere chi impiega o meno salariati. Nei paesi in cui i lavoratori indipendenti sono più presenti la quota di quelli che hanno alle proprie dipendenze dei salariati è minore (21% in Spagna e 30% in Portogallo) che non nei paesi ove sono meno presenti (47% in Francia e 60% Germania). La situazione italiana con neppure il 5% risulta però eccezionale e costituisce un ulteriore indice dell'enorme diffusione del lavoro «in proprio» e dell'impresa familiare senza alcun dipendente.

L'Italia è il paese con la più alta percentuale di occupazione indipendente dopo Turchia e Grecia, con un livello quasi doppio della media dei paesi sviluppati, ma è il primo se si considerano soltanto gli indipendenti senza salariati e la differenza rispetto ai paesi con un'occupazione più strutturata è enorme: quasi il 25% contro il 4% della Germania e il 5% della Francia. La peculiare posizione dell'Italia infrange la regola secondo cui la quota di occupazione indipendente è collegata al livello del reddito *pro capite* di un paese: più alto è il reddito, più bassa tale quota. Infatti l'Italia ha una percentuale di lavoro autonomo abnorme rispetto al proprio elevato reddito *pro capite*.

Negli anni Ottanta la quota di lavoratori indipendenti che non impiegano salariati cresce ovunque, ma in modo ancor più accentuato proprio nei paesi ove maggiore è stata l'espansione dell'occupazione indipendente. Ciò non toglie che per lo più sia continuata anche la crescita delle imprese di minori dimensioni iniziata nel decennio precedente.

Come in Italia, anche in altri paesi la quota degli occupati nelle piccole imprese, dopo decenni di forte caduta, dagli anni Settanta prende ad aumentare sia nell'industria sia nei servizi. La sola eccezione rilevante è quella della Germania, ove cresce ancora il peso delle grandi imprese, benché sia già il più alto in Europa. Quanto all'Italia, si conferma il paese in cui maggiore è il peso delle micro-imprese sino a 19 addetti e minore quello delle grandi oltre i 500. Tale tendenza si può spiegare sia con la crescita del terziario privato (dai ristoranti ai servizi alle imprese e alle persone) che richiede unità di minori dimensioni, sia con la ricerca di una maggiore flessibilità nella produzione industriale.

All'esigenza delle imprese di «portare all'esterno» fasi o servizi del proprio ciclo produttivo può rispondere anche la forte crescita di un lavoro indipendente senza salariati con caratteristiche ben differenti dal vecchio lavoro «in proprio» rivolto a una vasta clientela. Molti lavoratori, formalmente indipendenti, possono essere legati da contratti di subappalto o di consulenza con un solo committente e quindi essere soggetti di fatto a un controllo organizzativo, senza però avere i diritti associati allo status di dipendente. In parecchi paesi si ritiene che queste figure siano molto diffuse nei servizi alle imprese, nelle assicurazioni, negli affari immobiliari, nella vendita a domicilio. In Italia un caso particolare è costituito dai contratti d'opera, cui gli enti locali ricorrono sempre più spesso per colmare i vuoti di organico causati dal blocco delle assunzioni nel pubblico impiego.

Caratteristiche simili presenta lo sviluppo, soprattutto nel commercio e nella ristorazione, del *franchising*, per cui una società concede di vendere beni o servizi con il proprio marchio ricevendo una percentuale sulle vendite. Spesso il concedente pone tanti e tali vincoli al concessionario, sia esso imprenditore o lavoratore in proprio, da ridurne fortemente l'autonomia di gestione. Ne risulta una rete molto flessibile e a basso rischio per la società concedente, che conserva un potere di controllo non molto inferiore a quello che avrebbe su proprie filiali. Né va dimenticata una forma tutta italiana di portare all'esterno i servizi, soprattutto di pulizia o di manutenzione: il subappalto a cooperative. Nelle cooperative di lavoro i soci sono lavoratori indipendenti, pur facendo parte di un'organizzazione anche ampia: ciò consente che facciano un uso molto flessibile delle proprie prestazioni in cambio di una partecipazione più o meno reale ai processi decisionali. Poiché in Italia vi è oltre l'80% dell'occupazione in cooperative dell'intera Unione europea, il fenomeno assume dimensioni cospicue.

Guadagni, orari di lavoro, età

La categoria dei lavoratori indipendenti è inoltre eterogenea per quanto concerne le condizioni di lavoro e di guadagno. Due immagini polari si contrappongono: «mettersi in proprio» può esser visto come frutto o di una scelta alla ricerca di più elevati livelli di reddito e autonomia oppure di una risposta obbligata all'esigenza di procurarsi di che vivere in mancanza di occasioni di lavoro dipendente. Entrambe queste immagini convivono, unificate da un solo tratto che in realtà ne accentua le disparità: il lungo orario di lavoro.

Ovunque i lavoratori indipendenti sono impegnati nella propria attività molto più di quelli dipendenti. In Italia il loro orario settimanale è superiore di quasi 8 ore e il divario tende ad aumentare. La differenza è ancora più forte (almeno 10 ore) nei paesi in cui il lavoro indipendente è poco diffuso, dalla Germania alla Francia. L'orario è particolarmente lungo per i maschi: più di 50 ore alla settimana in molti paesi, ma non in Italia, ove ci si avvia a superare solo le 47 ore.

A un impegno di tempo così gravoso non sempre corrispondono alti guadagni. Benché erosione ed evasione fiscale dei lavoratori indipendenti rendano ovunque difficili i confronti, la loro distribuzione dei redditi risulta più «polarizzata» di quella dei dipendenti. Tra gli indipendenti, se molti lavorano «duro», ma guadagnano tanto, alcuni guadagnano poco pur lavorando molto. A professionisti, commercianti e artigiani di successo si affiancano situazioni marginali, con guadagni orari molto inferiori a quelli del lavoro dipendente.

Infine i lavoratori indipendenti differiscono per la stabilità dell'occupazione. Quelli che lavorano in subappalto o per un committente unico sono molto instabili perché sono i primi a perdere il lavoro quando il loro committente riduce la propria attività. Invece quelli che hanno una vasta clientela possono resistere meglio alle situazioni di crisi limitandosi a ridurre i propri guadagni senza perdere il lavoro. Sia in Italia, sia negli altri paesi i lavoratori indipendenti presentano una maggiore instabilità e una breve durata dei periodi di lavoro. Dunque la fascia instabile dovrebbe prevalere su quella stabile.

Se la categoria dei lavori indipendenti è molto eterogenea, abbastanza omogenea è la popolazione che li svolge. Uomini, in età adulta o avanzata, sposati, la disponibilità di una certa somma di denaro, esperienze lavorative in piccole imprese: queste sono le caratteristiche di chi ha maggiori probabilità di «mettersi in proprio». In Italia la recente crescita dell'occupazione indipendente è tipicamente maschile, mentre la nuova occupazione femminile è quasi tutta dipendente.

Ovunque la quota di indipendenti aumenta al crescere dell'età: in Italia per i maschi da meno del 25% dei ventenni sino al 35% dei cinquantenni e a oltre il 60% dei sessantenni. Per riuscire a costruirsi una posizione lavorativa indipendente, occorrono esperienze e reti di relazioni che solo una certa presenza sul mercato del lavoro come lavoratori dipendenti può fornire. Per contro, imprenditori, professionisti o lavoratori in proprio smettono di lavorare in età più avanzata. Come in altri paesi, in Italia la propensione dei ventenni a svolgere attività indipendenti presenta una leggera tendenza all'aumento, che però può essere dovuta anche agli incentivi all'imprenditorialità giovanile, sulla cui reale efficacia andrebbe condotta una seria analisi poiché molte iniziative sono destinate a morire presto.

Un popolo di microimprenditori?

Per spiegare la diffusione dell'occupazione indipendente in Italia si ricorre a fattori non solo economici, ma anche culturali e politici: l'arretratezza tecnologica e organizzativa, l'abilità artigianale e relazionale, il radicato «spirito di iniziativa», la ricerca di consenso tra i ceti medi che giunge fino a tollerarne l'evasione fiscale, la forte disoccupazione che spinge all'autoimpiego, la protezione giuridica e sindacale dei dipendenti delle imprese medio-grandi. Un'analisi comparativa consente di discutere alcuni di questi fattori.

Il lavoro indipendente risulta più diffuso e più in crescita negli anni Ottanta nei paesi ove sono più restrittive le norme legislative o contrattuali sui licenziamenti e più elevati sono i contributi previdenziali. L'Italia sarebbe il paese sia con il più elevato indice di sicurezza dell'impiego dipendente, sia anche quello in cui la quota di occupazione indipendente è maggiore ed è più cresciuta. Ma la quota di occupazione indipendente è maggiore anche nei paesi ove le indennità di disoccupazione sono meno generose, poiché chi cerca lavoro senza contare su un adeguato sostegno è costretto a trovare una fonte di reddito e può non avere altra scelta che «mettersi in proprio». Il caso italiano sarebbe ben spiegato anche da questa relazione, poiché chi è escluso dalla cassa integrazione fruisce di un sostegno del reddito molto inferiore a quello di tutti gli altri paesi europei. Dunque il lavoro indipendente in Italia sarebbe favorito da due fattori istituzionali: alla protezione dei lavoratori occupati nelle sempre meno numerose imprese medio-grandi, si aggiunge la scarsa tutela di chi ha perso il lavoro nella sempre più vasta area delle piccole imprese o non ne ha mai avuto uno.

Spesso si suole vedere nello sviluppo della micro-impresa e del lavoro in proprio un segno di vitalità economica. È stata però avanzata l'ipotesi che la crescita del lavoro indipendente sia invece il sintomo di una crisi del mercato del lavoro. Tale ipotesi non pretende di spiegare le differenze né da un paese all'altro, né da una regione all'altra in Italia. D'altronde due regioni europee con tassi di disoccupazione molto bassi e una struttura produttiva simile, come il Baden-Württemberg e la Lombardia, presentano una situazione abissalmente diversa, con rapporti tra le quote di occupazione indipendente che vanno da 1 a oltre 2 nel terziario e da 1 a quasi 3 nell'industria.

È aperta invece la discussione se il lavoro indipendente cresca nei periodi di crisi economica perché i disoccupati hanno maggiori probabilità di avviare attività indipendenti e perché in tempi di alta disoccupazione ci si rassegna di più al lavoro in proprio. I risultati per alcuni paesi sono però spesso contraddittori e nessuno studio è stato tentato per l'Italia. In realtà l'occupazione indipendente comprende sia una fascia debole, che opera in aree marginali, a bassi redditi ed elevata precarietà, sia una forte, che assicura stabilità e alti guadagni a chi voglia lavorare duramente e a lungo. Imprenditorialità e ripiego sono frammisti in modo inestricabile nel lavoro non dipendente.

Lavoro atipico, temporaneo, interinale

La gran diffusione del lavoro indipendente e in particolare di quello «in proprio», sia artigianale sia professionale, può essere considerata in Italia un sostituto dei lavori atipici, la cui recente crescita viene attribuita all'esigenza di flessibilità delle nuove forme di organizzazione lavorativa. Si tratta dei lavori dipendenti privi di almeno una delle caratteristiche del modello tradizionale: la subordinazione a una sola impresa, l'integrazione in un'organizzazione produttiva, un contratto a tempo indeterminato, l'impegno a tempo pieno, una protezione legislativa o contrattuale contro il rischio di perdere il lavoro.

La frontiera tra lavori atipici e indipendenti è però molto incerta. Nelle prestazioni coordinate e continuative, sempre più diffuse nel terziario (dai giornalisti ai traduttori, dai consulenti ai giovani delle consegne a domicilio), e nel cottimismo in edilizia, per cui un capo-cantiere dirige squadre di «artigiani» (idraulici, falegnami, imbianchini...), lavoratori formalmente indipendenti sono di fatto inseriti in un'organizzazione di impresa e soggetti ai suoi ordini. E lo stesso si può dire per il subappalto «interno» proprio delle imprese di pulizia o manutenzione. Qui è sottile la distinzione con il caso estremo di lavoro atipico, quello interinale, in cui mancano quasi tutti gli elementi classici del lavoro dipendente. Più tradizionali forme di lavoro atipico sono il lavoro a domicilio, quello a tempo determinato e anche quello a tempo parziale, di cui si è detto a proposito dell'occupazione femminile.

Che l'importanza delle forme non tradizionali di lavoro dipendente sia in forte aumento è un'opinione frequente, anche se i dati sono molto carenti. Innanzitutto è quasi impossibile valutare l'evoluzione del lavoro a domicilio, anche se si può pensare che sia molto diminuito nelle regioni di tradizionale radicamento del centro-nord per crescere, pur in misura più ridotta, in quelle meridionali. Ciò si deve da un lato alla scarsa disponibilità delle giovani donne, più istruite e desiderose di un «vero» lavoro fuori casa, e dall'altro al crescente ricorso al subappalto di lavoro a domicilio su scala internazionale, che consente di sfruttare l'enorme riserva di forza lavoro femminile dell'Europa orientale e del Terzo Mondo. Ma è probabile che, come in altri paesi, anche in Italia il lavoro a domicilio torni a diffondersi tra le donne immigrate.

Nonostante da tempo se ne preveda un forte sviluppo, sono ancora solo qualche centinaio in Italia i «telelavoratori». Ma questi sono normali lavoratori dipendenti, pienamente integrati nell'organizzazione aziendale, sia pur per via telematica invece che fisica. Inoltre l'esperienza di altri paesi mostra che il lavoro a casa per lo più si alterna nell'arco della settimana a quello in azienda.

La forma atipica che più dovrebbe svolgere la funzione di «cuscinetto» per le imprese è il lavoro temporaneo, il cui peso però nella maggior parte dei paesi europei risulta modesto. La percentuale sull'occupazione dipendente va da poco più del 5% in Italia e Gran Bretagna a oltre il 32% di Spagna, ma negli altri paesi europei oscilla dall'8% al 18%. Questi dati sono sottostimati, soprattutto per l'Italia, poiché ignorano le «punte» stagionali del ciclo agricolo e turistico concentrate in estate. Molto più numerosi sono ovviamente i rapporti temporanei, stipulati per brevi periodi, e i lavoratori coinvolti nel corso di un anno.

La crescita del lavoro temporaneo, iniziata alla fine degli anni Sessanta, è proseguita in quasi tutti i paesi europei sino alla metà degli anni Ottanta; poi si è fermata. L'ipotesi che il suo sviluppo abbia raggiunto un limite non è contraddetta dalla Spagna, ove l'esplosione dei contratti a tempo determinato si deve a un intervento pubblico per l'occupazione giovanile, né dalla Francia, ove notevole è stato il contributo del pubblico impiego con ormai il 10% di rapporti a termine. In Italia invece la quota di occupati temporanei rimane costante, benché dalla metà degli anni Ottanta la legislazione e la contrattazione sindacale abbiano allentato i vincoli e si siano diffusi i contratti di formazione lavoro con una durata massima di due anni. Un maggior ricorso a contratti a termine si comincia a cogliere solo per le nuove assunzioni alla ripresa economica avviatasi dal 1994 nel centro-nord.

La diversa diffusione del lavoro temporaneo nei paesi europei non dipende da una sua regolazione più o meno rigida, né dal grado di protezione del lavoro permanente. L'ipotesi che si tratti di strumenti per aggirare le rigidità dell'occupazione stabile risulta ancora più fragile se si guarda ai settori ove si concentra il ricorso a rapporti temporanei: agricoltura, edilizia, turismo, commercio e servizi alla persona; si tratta per lo più di tradizionali lavoratori stagionali.

L'occupazione temporanea è tipicamente femminile, ma ancor più giovanile. In tutti i paesi europei la quota di occupati a tempo determinato tra i giovani sino a 25 anni è almeno due volte la media nazionale, sicché oltre il 40% dei lavoratori temporanei ha meno di 25 anni. I giovani per lo più svolgono lavori temporanei in mancanza di alternative. Ma vi sono anche i volontari: gli stagionali occupati nelle attività più redditizie (come nel turismo), chi non vuole «fissarsi» in lavori di basso livello, i lavoratori professionalmente molto forti, che vivono i rapporti temporanei quasi fossero attività indipendenti.

I lavori a termine interrompono lo stato di disoccupazione e riducono il peso di quella di lungo periodo, ma alla scadenza il lavoratore per lo più si ritrova di nuovo disoccupato. La probabilità che un lavoro temporaneo costituisca un passaggio verso uno permanente è particolarmente bassa in Italia, ove gran parte dei lavori temporanei è stagionale. Piuttosto nelle attività turistiche e in quelle di trasformazione industriale dei prodotti agricoli si è consolidata una «stabilità» per larghe fasce di donne adulte, che «fuori stagione» si dedicano alle attività familiari.

Tra i lavori temporanei un posto particolare occupa quello interinale, ancora assente in Italia benché se ne parli molto da tempo. I lavoratori interinali sono assunti, per lo più a termine, da agenzie di lavoro temporaneo e sono poi inviati in brevi «missioni» presso imprese che li utilizzano come fossero propri dipendenti. Nonostante un grande sviluppo negli anni Ottanta, il lavoro interinale rimane largamente minoritario: nell'Unione europea meno di un lavoratore temporaneo su dieci è inserito in un rapporto interinale. Il suo peso nell'occupazione totale è quindi marginale: neppure l'1%. Il paese in cui è più diffuso è l'Olanda, ove le ore di lavoro interinale sulle ore lavorate sfiora il 2%, segue la Francia con l'1,3-1,4%; ma in Germania non si va oltre lo 0,5%. In Italia si prevede che il lavoro interinale potrebbe creare nuova occupazione per 30-50mila persone su base annua, un incremento intorno allo 0,2% degli occupati. Si tratta di cifre modeste.

Nei paesi ove esiste, un'ora di lavoro interinale è più cara del 20-30% per l'impresa utilizzatrice di quella di un lavoratore assunto a tempo determinato, poiché l'agenzia di lavoro interinale non solo ha dei costi di reclutamento e di gestione, ma deve anche guadagnare. Considerando i settori e le condizioni per cui il lavoro interinale è più usato si comprende perché si ricorra a un lavoro più costoso di quello altrettanto flessibile dei normali rapporti a termine. Poiché la durata delle missioni è molto breve (di regola qualche settimana), sarebbe impossibile ammortizzare i costi di ricerca e selezione di un lavoratore temporaneo; mentre le agenzie di lavoro interinale dispongono di un archivio di lavoratori disponibili e possono ripartire tali costi su più missioni. Questo vantaggio è ancora più evidente quando si deve far fronte a problemi improvvisi: dalla sostituzione di lavoratori ammalati a «punte di attività» impreviste. Invece, quando i bisogni di lavoro transitorio si ripresentano con regolarità, si può programmarne la soluzione in anticipo e ripartire nel tempo i costi di ricerca e selezione di lavoratori, cui si può far ricorso in più stagioni. Si spiega così perché il lavoro a tempo determinato rimanga più usato in agricoltura, nell'industria alimentare e nei servizi, dal turismo al commercio; mentre il ricorso al lavoro interinale è maggiore in edilizia e negli altri rami dell'industria manifatturiera.

10. *Lavorare senza regole*

L'Italia è un paese ad alta presenza di lavoro non regolare, come tutti quelli dell'Europa meridionale. Si stima che il lavoro nero, compreso quello svolto come seconda attività da chi ha già una prima occupazione regolare, superi il 20% in Grecia, Portogallo, Spagna e Italia meridionale, mentre sia inferiore al 10% in Germania, Danimarca, Gran Bretagna e Olanda e oscilli tra il 12% e il 18% in Francia, Belgio e Italia centrosettentrionale. Queste differenze vanno attribuite alla diversa struttura dell'occupazione: nell'Europa meridionale è maggiore l'occupazione in agricoltura ed edilizia, inoltre nell'industria manifatturiera e nei servizi sono più presenti le piccole imprese e il lavoro indipendente, tutte realtà ove è più facile ignorare le norme amministrative e giuridiche. A ciò si aggiungono una regolazione pubblica delle attività economiche tanto rigida, quanto poco efficace, e una cultura in cui l'«arrangiarsi» individuale ha sempre fatto premio sull'idea di bene comune.

Il lavoro nero

Una vasta occupazione in condizioni non regolari aveva segnato tutto lo sviluppo industriale italiano sin dall'inizio del secolo. Ma questo aspetto venne riscoperto all'inizio degli anni Settanta. Il netto miglioramento delle condizioni retributive e normative degli occupati regolari, ottenuto grazie alle conquiste sindacali e legislative (lo Statuto dei lavoratori è del 1970), aveva allargato il fossato con le condizioni del lavoro in nero. La sua diffusione viene vista perciò come un modo di sfuggire a una più moderna e progredita regolazione dei rapporti di lavoro.

Tentativi di valutarne le dimensioni si sono susseguiti numerosi, e l'Istat comincia oggi a fornire delle stime. Secondo tali stime, a metà degli anni Novanta i lavoratori non regolari sono tre milioni e mezzo, pari a oltre il 16% degli occupati; quindi in pochissimi anni sono ritornati ai livelli del 1980, dopo una lentissima, ma costante riduzione per cui avevano raggiunto un minimo del 14% prima della crisi del 1992. Ma le differenze da settore a settore sono molto forti.

In agricoltura l'occupazione non regolare si contrae in misura notevole, ma quella regolare crolla, sicché il suo peso aumenta ancora tanto da sfiorare l'84% tra i dipendenti e da superare il 46% tra gli indipendenti. L'alta presenza di lavoro nero è una tradizione dell'agricoltura italiana, che assume un aspetto nuovo poiché gli irregolari ora sono pensionati o donne adulte che fruiscono della protezione previdenziale per via familiare, mentre per le «punte» stagionali il lavoro estivo degli studenti è sempre più spesso sostituito dagli immigrati anche nel Mezzogiorno. Paradossalmente coloro che sono iscritti agli elenchi braccantili o registrati come coltivatori diretti sono più numerosi degli occupati che risultano nelle indagini statistiche, poiché molti, soprattutto nel Mezzogiorno, fruiscono della previdenza a basso costo dell'agricoltura, ma in realtà lavorano in nero in altri settori, dall'edilizia all'artigianato, dai trasporti al commercio.

L'occupazione irregolare aumenta anche nell'altro settore in cui è molto presente, le costruzioni: oltre un terzo degli edili è in posizione irregolare. Anche per l'edilizia si tratta di un aspetto tradizionale, che si riproduce per la scarsa innovazione tecnologica e sembra riprendere importanza quando alla crisi dei lavori pubblici e delle grandi infrastrutture si accompagna lo sviluppo di un'edilizia di restauro su piccola scala.

Nell'industria manifatturiera l'occupazione regolare negli anni Ottanta diminuisce, mentre quella non regolare aumenta. Tuttavia nell'occupazione dipendente manifatturiera la quota di lavoro nero rimane bassa, poco oltre il 7%. Soltanto nei settori tecnologicamente arretrati dell'abbigliamento, delle calzature, del legno e del mobile si supera l'11%, ma nella meccanica si va poco oltre il 5%. Molto più cospicua, benché stabile, è la quota di occupazione non regolare tra gli indipendenti: il 20%, con punte di oltre un terzo nei settori dell'abbigliamento e delle materie plastiche. Dunque il lavoro irregolare si concentra nelle imprese artigianali su base familiare, mentre la sua presenza è limitata in quelle, pur piccole, in cui si utilizza personale dipendente. Non regolare è però un quarto dell'occupazione dipendente in un settore classificato tra i servizi, ma con una forte presenza di lavoro operaio: le attività di riparazione, dai carrozzieri agli elettricisti e agli idraulici.

In quasi tutti i servizi l'occupazione non regolare aumenta meno di quella regolare e il suo peso diminuisce soprattutto tra gli indipendenti. La contrazione della quota di lavoro nero nei negozi, negli alberghi, nei bar e nelle officine di riparazione gestite su base familiare sembra indicare una particolare via di crescita per tali attività, che si limita alla loro regolarizzazione amministrativa, senza uno sviluppo gestionale che richieda un maggior ricorso al lavoro dipendente. Pur crescendo ancora, il lavoro nero quasi dimezza il proprio peso nel settore terziario più dinamico e qualificato, i servizi alle imprese. Soltanto nei servizi alla persona (dalla sanità privata a quelli ricreativi) la quota di occupazione irregolare continua ad aumentare.

Tranne nel settore creditizio, ove è assente, il lavoro nero nei servizi oscilla dal 9% all'11% secondo i settori. Quanto al commercio abusivo, il 15% delle merci è posto in vendita al di fuori dei regolari canali di distribuzione: da ambulanti non autorizzati, da negozi senza licenza, in riunioni convocate in appartamenti, ecc. Negli alberghi, nei pubblici esercizi e nei trasporti le figure tipiche di lavoratori irregolari sono tutte poco qualificate: commessi, camerieri, autisti, facchini. Invece sia nei servizi alle imprese, sia in quelli alla persona vi è una forte polarizzazione: dai professionisti agli addetti alle pulizie, dai traduttori e dai «giovani di studio» ai guardiani e alle domestiche.

Il lavoro nero è molto più diffuso tra gli indipendenti che non tra i dipendenti (la percentuale è quasi doppia), sebbene dipendenti siano la maggior parte dei lavoratori irregolari. Tra i settori sono in testa l'agricoltura e l'edilizia, seguiti a distanza dalle attività di riparazione, dall'industria dell'abbigliamento e delle calzature, dai servizi alle imprese e alla persona; mentre in coda vi sono tre rami manifatturieri (meccanica, chimica e materie plastiche, carta e poligrafici) e uno terziario (credito).

La maggiore presenza di lavoro irregolare si può attribuire a tre fattori: la ridotta dimensione dell'impresa, la prossimità al consumo delle famiglie e la bassa intensità di capitale e di impianti. L'occupazione irregolare è più difficile da celare in attività che richiedono cospicui capitali o ampie dimensioni di impresa. L'ambito familiare, proprio del lavoro indipendente, impedisce il ricorso all'autorità giudiziaria o amministrativa per far riconoscere la posizione lavorativa. Infine il sistema fiscale consente che un'impresa possa utilizzare lavoro nero senza troppi rischi solo se lo stesso comportamento è seguito da tutta la «filiera» di imprese che la separano dalle famiglie, gli unici soggetti che, tranne rare eccezioni, non «scaricano» i costi che sostengono e quindi non hanno interesse a regolarizzarli, ma piuttosto a ridurli pagando in nero. Si spiega così perché l'area più esposta all'irregolarità sia costituita dai servizi prestati alle famiglie da lavoratori indipendenti: dal carrozziere al commercialista, dall'elettricista al negoziante.

L'occupazione non regolare continua a essere molto più diffusa nel Mezzogiorno e non solo perché sono più presenti edilizia e agricoltura, poiché le differenze si attenuano solo di poco se si considerano i diversi settori. All'inizio degli anni Novanta la quota di lavoratori irregolari non raggiunge l'8% nel nord, è di poco oltre l'11% nel centro, ma supera il 28% nel Mezzogiorno. Il divario è ancora maggiore per l'occupazione dipendente: sono privi di un contratto di lavoro regolare poco più del 5% degli occupati nel nord e poco meno del 10% nel centro, contro il 26% nel Mezzogiorno. Le differenze nord-sud erano del resto già aumentate negli anni Ottanta, mentre si erano ridotte quelle tra le regioni centro-settentrionali, data la diffusione del modello della piccola impresa. L'Italia meridionale è ora una delle aree dei paesi avanzati ove il lavoro non regolare è più diffuso. A questo esito ha probabilmente contribuito l'aver adottato nel Mezzogiorno norme per regolare le attività economiche e i rapporti di lavoro che erano state elaborate per il più moderno contesto centrosettentrionale.

Nelle attività irregolari il risparmio sul costo del lavoro concerne essenzialmente la sua componente indiretta, fiscale e previdenziale. Anche qualora il lavoratore in nero ricevesse un salario pari a quello previsto dai contratti sindacali, l'impresa risparmierebbe la metà del costo del lavoro, poiché a tanto ammonta quanto dovrebbe versare agli enti previdenziali per finanziare il sistema pensionistico e sanitario e al fisco come trattenuta alla fonte per l'Irpef, o al lavoratore stesso come salario differito per ferie, tredicesima e liquidazione di fine rapporto. Quasi altrettanto rilevante è il «cuneo» previdenziale e fiscale per il lavoro indipendente.

Ma dai confronti internazionali non risulta che la pressione fiscale e previdenziale sia così determinante nell'incentivare il lavoro nero, come a volte si crede. L'occupazione non regolare è infatti più diffusa nei paesi dell'Europa mediterranea, ove tale pressione è minore. Invece, oltre al grado di organizzazione della struttura economica, va considerato il livello di coesione che caratterizza una società. Chi ricorre al lavoro nero non paga i crescenti costi dei servizi pubblici necessari al funzionamento dei moderni sistemi economici e sociali, pur usufruendone se non altro in quanto cittadino. Poiché il lavoro irregolare rompe il patto di solidarietà su cui ogni società si regge, è più difficile si diffonda dove tale patto è più saldo.

Al lavoro nero viene di regola associata l'immagine dello sfruttamento e della coercizione. Ma non sempre gli irregolari sono lavoratori deboli, privi di tutela e senza alternative alla disoccupazione. A volte l'irregolarità è consensuale, poiché pure il lavoratore vi trova dei vantaggi: la possibilità di combinare lavoro remunerato e familiare, un'alta flessibilità nei tempi di lavoro e soprattutto l'opportunità di guadagnare senza perdere la pensione o altri sussidi (cassa integrazione, indennità di disoccupazione, assegni familiari).

Le risposte al lavoro nero non possono limitarsi alla pur necessaria repressione, ma devono incidere su più delicati equilibri sociali, perché, anche qualora non vi siano reciproche convenienze, l'economia irregolare si fonda quasi sempre su legami di tacita complicità tra chi vi è coinvolto. Le reti di relazioni personali sono indispensabili, poiché solo grazie a tali relazioni le imprese e i lavoratori disposti a rapporti in nero si possono incontrare e i commercianti abusivi o gli artigiani privi di licenza possono trovare dei clienti. «Nell'economia informale *chi* conosci è più importante di *che cosa* conosci». Inoltre, poiché non si può far ricorso contro una sua prestazione scadente, il lavoratore irregolare deve esser ben noto ai suoi clienti o all'impresa che lo utilizza.

Non pochi che impiegano forza lavoro fuori da ogni regola sono ex operai che lavoravano nelle stesse condizioni e le considerano normali e inevitabili. Quindi lo sfruttamento è occultato da un paternalismo autoritario. Inoltre l'inserimento in reti familiari e di vicinato favorisce la nascita di connivenze che garantiscono contro il ricorso al sindacato o all'ufficio del lavoro per farsi «mettere in regola». Sia per chi utilizza lavoro nero, sia per chi lavora in proprio senza i necessari permessi la denuncia all'autorità giudiziaria o amministrativa è un rischio da evitare se vuole operare con continuità. Questo rischio è tenuto sotto controllo grazie a una diffusa omertà. La grande forza dell'economia sommersa, che le consente di aggirare ogni controllo, sta nel suo radicamento nella società.

Il doppio lavoro

Infine non bisogna dimenticare che non tutte le attività «in nero» sono svolte da lavoratori privi di tutela previdenziale e giuridica. Una buona parte è svolta da chi ha già un lavoro principale regolare: su 100 posizioni lavorative non regolari oltre 60 sono occupate da doppiolavoristi. Peraltro il doppio lavoro a volte è prestato nel pieno rispetto della legislazione previdenziale e fiscale, anche perché un esplicito divieto è previsto solo per il pubblico impiego (con parecchie eccezioni).

Ben diversamente da chi «si arrangia con mille mestieri» precari e marginali, il doppiolavorista cumula un'occupazione a tempo pieno regolare con un'altra attività, cercando di sfruttare i vantaggi di una doppia collocazione sia nell'area regolare e tutelata del mercato del lavoro, sia in quella irregolare e precaria.

L'importanza di questo fenomeno venne colta in Italia solo alla fine degli anni Settanta, grazie a una ricerca condotta in sei aree urbane, che aveva permesso di stimare come tra il 15% e il 25% dei lavoratori maschi dipendenti (senza grandi differenze tra Mezzogiorno e centro-nord) avesse un'attività secondaria retribuita, per lo più nei servizi. Tale dimensione è stata poi confermata dell'Istat, che a metà degli anni Novanta stima oltre 7 milioni di doppiolavoristi, per più della metà in agricoltura, con un aumento di un milione in quindici anni, quasi tutto nei settori extra agricoli.

L'agricoltura è il «regno» dei doppiolavoristi: su 100 occupati in via principale ve ne sono più di 240. Se l'occupazione agricola continua a ridursi, rimane stabile il numero di operai, di piccoli commercianti, di artigiani o anche di impiegati che coltivano un proprio campo o badano a un proprio allevamento. Il loro contributo produttivo in termini di ore lavorate *pro capite* è ovviamente basso, ma oltre un quarto della produzione agricola italiana è opera di doppiolavoristi. Tradizionalmente nel secondo lavoro agricolo si tende a vedere un'integrazione di reddito familiare, che ha l'effetto di tenere in vita aziende contadine destinate a scomparire. Ma nelle regioni centro-settentrionali grazie al secondo lavoro prospera anche un'agricoltura «ricca» di aziende ad alta produttività.

Pur meno diffuso, il secondo lavoro extra agricolo è invece in grande espansione: la percentuale di occupati con un'attività industriale o terziaria dall'11% nel 1980 cresce sino a superare il 15% nel 1990, per poi scendere di poco. Se si considera che il secondo lavoro è tipicamente maschile (per le donne vi è quello casalingo) e che i maschi costituiscono i due terzi degli occupati, si può pensare che all'inizio degli anni Ottanta quasi il 17% dei maschi occupati avesse un'attività secondaria extra agricola e che negli anni Novanta si sia superato il 20%.

Anche nelle costruzioni e nell'industria l'Istat stima che il secondo lavoro sia solo indipendente, con percentuali elevate: le posizioni lavorative secondarie sarebbero un quinto di quelle artigianali in edilizia e un terzo nell'industria (con una punta oltre il 70% nel comparto alimentare). Certamente queste stime sottovalutano però il doppio lavoro industriale dipendente.

Fuori dall'agricoltura i secondi lavori sono essenzialmente nei servizi, nei quali l'Istat stima vi siano le uniche posizioni dipendenti di doppio lavoro. Nei servizi le posizioni di secondo lavoro costituirebbero il 16% di quelle dipendenti e il 40-45% di quelle indipendenti. I rami con una maggiore presenza di doppiolavoristi sono il turismo, i pubblici esercizi, i trasporti, le officine di riparazione e i servizi domestici. È difficile dire quali siano i secondi lavori poiché vi si trova di tutto: dai disegnatori ai commercialisti, dai geometri ai traduttori, dagli assicuratori ai commessi, dai camerieri ai baristi, dagli autisti agli esercenti, dai facchini a tutte le attività di artigianato e di servizi alle famiglie (sarti, imbianchini, idraulici, infermieri).

La domanda di doppio lavoro proviene da piccole imprese, ma soprattutto da famiglie o da una clientela diffusa, poiché i due terzi sono indipendenti. Si riduce quindi un loro vantaggio sul lavoro irregolare svolto in via principale: quello di favorire la complicità tra datore di lavoro e lavoratore, che non trarrebbe alcun beneficio dalla «messa in regola», ma potrebbe anzi esserne anch'egli danneggiato. I doppiolavoristi indipendenti possono però sfruttare l'affidabilità professionale o sociale che deriva loro dal lavoro principale.

Regolamentare o de-regolamentare?

Il «metalmezzadro», l'insegnante assicuratore, l'impiegato elettricista: spesso si suole identificare nel plurioccupato un Giano bifronte, impegnato in due attività del tutto differenti. In realtà ciò accade solo per un terzo dei doppiolavoristi, senza varcare quasi mai la linea di divisione tra lavoro manuale e intellettuale, mentre per un altro terzo la seconda occupazione è simile alla principale e per l'ultimo terzo recupera competenze di attività abbandonate per conquistare un posto sicuro.

Il secondo lavoro è più diffuso tra gli occupati nelle grandi imprese piuttosto che nelle piccole e nelle organizzazioni pubbliche (enti locali, ospedali, scuole, ministeri) piuttosto che in quelle private. I più alti livelli di garanzia (stabilità del posto, protezione giuridica e sindacale) si possono tradurre in un ambiente permissivo, che favorisce il doppio lavoro: bassa produttività, carriere automatiche, ampia libertà di organizzare il lavoro, orari ridotti, scarsi controlli. Nel pubblico impiego anche i dirigenti svolgono spesso altri lavori e si sviluppano vaste complicità. I dipendenti pubblici sono spinti a cercare altre fonti di reddito da retribuzioni basse e dalla frustrazione di un'organizzazione che non ne utilizza appieno le competenze. E sono ricercati per l'affidabilità e la conoscenza della «macchina amministrativa». Nel pubblico impiego italiano si è innescato un circolo vizioso, per cui le basse retribuzioni e il lassismo organizzativo incentivano il doppio lavoro, il quale a sua volta contribuisce a ridurre la produttività e a giustificare le basse retribuzioni. L'opportunità di svolgere un'altra attività concorre a spiegare anche la grande partecipazione ai concorsi pubblici di lavoratori già occupati.

Un primo lavoro che impegni poco e lasci ampi margini di flessibilità quanto all'orario, il possesso di doti imprenditoriali e di capacità professionali per cui vi sia una buona domanda, la sensazione di guadagnare troppo poco rispetto a chi ha lo stesso titolo di studio, l'incapacità di far fronte ai bisogni familiari: a questi fattori si può imputare la diffusione del secondo lavoro. Così si spiega perché i doppiolavoristi siano in gran maggioranza maschi adulti, con moglie e figli a carico. Quindi in Italia i capifamiglia non soltanto sono quasi tutti occupati, ma paiono costretti a procurarsi due redditi, perché gli altri membri della famiglia non riescono ad averne alcuno. Si potrebbe d'altro canto pensare che i capifamiglia «rubino» il lavoro ai propri figli. Tuttavia è molto difficile che quelle secondarie possano essere sostituite da attività svolte in via principale da giovani disoccupati.

Escludendo i non pochi «secondi lavori targati come tali» (competenze rare, imprese familiari), perché ciò sia possibile dovrebbero essere soddisfatte quattro condizioni: gli spezzoni di secondo lavoro dovrebbero essere ricomposti in occupazioni a tempo pieno e/o svolte con continuità; la domanda dovrebbe essere disposta a usare lavoratori «monoccupati» sostenendone le garanzie istituzionali e i costi; i disoccupati dovrebbero avere le caratteristiche professionali adatte a svolgere queste attività;

nel caso più frequente di attività indipendenti tali disoccupati dovrebbero entrare con successo nei mercati dei plurioccupati. Purtroppo a breve termine queste condizioni possono essere soddisfatte solo per una minoranza dei secondi lavori. A più lunga scadenza occorre sviluppare la formazione per diffondere le competenze richieste, modificare il funzionamento di alcuni mercati di beni e servizi, ristrutturandone la domanda in blocchi più consistenti e flussi più continui, e sviluppare stabili reti di incontro tra domanda e offerta sì da rendere meno ardua la «barriera di ingresso» costituita dalla mancanza di relazioni. Colmare carenze nella struttura produttiva è però più difficile che eliminare vincoli istituzionali, come suggerisce chi pensa sia sufficiente rendere più facili i licenziamenti e più flessibili i rapporti di lavoro, dimenticando che la maggior parte dei secondi lavori non è dipendente.

Non esistono soluzioni semplicistiche per ridurre il lavoro nero. All'inefficacia della mera repressione si oppongono i rischi sociali di una deregolazione che legittimi le irregolarità. Se l'eccesso di norme provoca l'immersione nell'economia «nera» per l'impossibilità di rispettarle, le tesi liberistiche, oltre a rischiare di penalizzare inutilmente i lavoratori, ignorano che solo uno «zoccolo» di certezza e garanzia consente di adottare comportamenti flessibili e strategici.

Una società matura non può né irrigidire le sue regole con il rischio di acuire la divergenza tra un'economia visibile e una invisibile, né legittimare il ritorno a situazioni non controllate che provocherebbero emarginazione e tensioni. Occorre invece da un lato assicurare un buon livello di protezione sociale e di tutela a prescindere dalla stabilità della situazione lavorativa, dall'altro attuare misure economiche che riorganizzino alcuni mercati in modo che vi possano operare imprese o lavoratori indipendenti più efficienti e quindi meno costretti a ricorrere al «risparmio» del lavoro nero.

11. *Le politiche del lavoro*

Le politiche del lavoro sono dirette a disciplinare la natura dei rapporti di lavoro, a regolare le modalità di incontro tra domanda e offerta sul mercato del lavoro (cioè le procedure di assunzione e licenziamento) ad «assicurare» i lavoratori contro il rischio di disoccupazione e ad aumentare l'occupazione, in particolare dei lavoratori considerati «deboli» (giovani, donne, disoccupati di lunga durata, portatori di handicap). Come tutte le politiche pubbliche, anche quelle del lavoro possono essere regolatorie, organizzative o erogatorie, possono cioè porre dei vincoli alle imprese e ai lavoratori, offrire loro dei sussidi e degli incentivi o fornire servizi mediante una propria struttura organizzativa.

La lenta caduta dei vincoli

Sino alla metà degli anni Ottanta le politiche del lavoro in Italia si fondavano su norme rigide, che lasciavano pochi margini di autonomia alle imprese e ai lavoratori. Almeno formalmente, perché in assenza di strutture pubbliche di controllo efficienti e competenti i vincoli venivano spesso aggirati grazie a diffuse complicità fondate su reti di relazioni familiari, locali o clientelari.

Forse l'esempio più clamoroso di sfasamento tra situazione di diritto e di fatto riguardava le assunzioni. Le imprese, di regola, dovevano comunicare all'ufficio di collocamento quanti lavoratori intendessero assumere per ogni posizione, lasciando all'ufficio il compito di segnalare i disoccupati iscritti da più tempo alle liste di collocamento e con maggior carico familiare, senza alcun controllo delle capacità e delle competenze professionali. Di fatto però questa procedura, che impediva il contatto diretto tra imprese e lavoratori, è stata quasi sempre aggirata in vari modi, quando non del tutto elusa nella vasta area dell'economia sommersa.

Un secondo esempio sono le occupazioni a tempo parziale e determinato, relegate a casi eccezionali da una legislazione e da contratti sindacali che tendevano a considerarle imposte dalle imprese a lavoratori che desideravano soltanto rapporti a tempo pieno e indeterminato. Ciò ha senza dubbio favorito il lavoro irregolare, che in gran parte è svolto proprio a tempo parziale e/o determinato.

Infine tra il 1968 e il 1975 il sindacato riesce a ottenere una legislazione che di fatto «congela» i licenziamenti collettivi nelle grandi imprese industriali, poiché estende quasi a tempo indefinito la possibilità di prorogare la Cassa integrazione guadagni straordinaria (Cigs). Decine di migliaia di operai resteranno per molti anni, spesso sino al prepensionamento, formalmente alle dipendenze dell'impresa, ma senza possibilità di tornarvi a lavorare, e l'indennità di Cigs farà le veci di un'indennità di disoccupazione, allora irrisoria per ammontare e durata.

Anche in questo caso però sotto una rigidità formale si nascondeva una realtà diversa. Dopo una fase di aspri conflitti, le imprese trovavano sempre minori resistenze alla «messa in cassa integrazione» da parte del sindacato e dei lavoratori, paghi di una garanzia di reddito di fatto senza limiti di tempo, e si assisteva a uno strano paradosso per cui il grado di libertà delle grandi imprese italiane nella gestione delle eccedenze di personale, formalmente basso, diventava in pratica ben più alto di quello goduto nella maggior parte degli altri paesi europei, nei quali vigono parecchi e penetranti controlli ai licenziamenti per motivi economici. Ciò spiega perché, quando all'inizio degli anni Novanta si discuterà del ridimensionamento della Cigs, se non ancora della sua abolizione, l'opposizione verrà più dalla Confindustria che non dai sindacati.

Il modello rigido di regolazione del mercato del lavoro era nato per un nobile scopo: proteggere dalla discriminazione masse di lavoratori poco qualificati in un contesto di grave debolezza sindacale e politica. Che in passato tale scopo sia stato raggiunto è discutibile, ma è certo che alla fine degli anni Settanta con il mutamento della struttura occupazionale, che richiede sempre più lavoratori diversi per qualificazione professionale e tipo di impegno lavorativo, gli effetti perversi sono già superiori ai risultati. La storia del suo smantellamento è però lunga anche per la resistenza dei sindacati, che rifiutano di scambiare alcune «rigidità» più di principio che reali, come la chiamata numerica e la garanzia del posto di lavoro, con poteri di controllo su una disciplina più flessibile del mercato del lavoro e con maggiori impegni occupazionali delle imprese.

La stagione della «deregolamentazione strisciante», che si fonda sulla logica delle deroghe alla normativa in nome dell'emergenza occupazionale, comincia nel 1984 quando viene introdotta la possibilità di assumere nominativamente il 50% dei lavoratori e tutti i giovani con contratto di formazione lavoro (per cui è previsto anche un forte risparmio sul costo del lavoro) e sono anche resi più facili i rapporti a tempo parziale e determinato, poiché ai contratti sindacali è data la possibilità di derogare senza limiti ai vincoli normalmente posti dalla legge.

Le deroghe alla chiamata numerica vengono ampliate nel 1986, finché nel 1991 quella nominativa diventa la modalità ordinaria di assunzione. A parte il collocamento «obbligatorio» degli invalidi (che dovrebbe raggiungere il 15% nelle imprese con oltre 35 dipendenti, ma di fatto ne è molto lontano), la chiamata numerica rimane solo per il collocamento agricolo e le assunzioni di basso livello nel pubblico impiego. Tuttavia per incentivare l'assunzione di disoccupati di lungo periodo e dei cassaintegrati si prevede un vincolo di tipo nuovo, che lascia le imprese libere di scegliere le persone da assumere, purché una certa quota appartenga alle fasce più deboli.

Le procedure di assunzione sono poi del tutto liberalizzate dal governo di centro-destra, che a fine 1994, oltre a estendere la chiamata nominativa al collocamento agricolo, sostituisce il nullaosta all'assunzione, rilasciato preventivamente dagli uffici del lavoro, con una semplice comunicazione dell'impresa entro 10 giorni. Tuttavia, poiché tale norma avrebbe potuto favorire il lavoro nero, i successivi governi riducono il termine per la comunicazione a 5 giorni e impongono all'impresa di registrare subito il lavoratore neoassunto.

Per le assunzioni tutti i vincoli e i fardelli burocratici sono dunque da tempo caduti, anche se gli uffici di collocamento, che questi vincoli dovevano amministrare, hanno continuato a sussistere senza più alcuna missione credibile. Soltanto ora comincia il percorso destinato a modificarli radicalmente per ridare loro una funzione utile. Infatti non è affatto detto che le imprese e i lavoratori «si incontrino» facilmente: negli Stati Uniti la professione cresciuta di più recentemente è quella degli esperti di selezione del personale. In un mercato caratterizzato da piccole imprese e da prestazioni molto differenziate, un forte intervento pubblico è indispensabile per rendere più vaste, trasparenti e informate le relazioni tra imprese e lavoratori.

Cassa integrazione e nuovi rapporti di lavoro

Altrettanto lenta e con qualche temporaneo arretramento è la storia del ridimensionamento della Cigs, che aveva per molti anni di fatto abolito i licenziamenti nelle medio-grandi imprese industriali discriminando i lavoratori delle piccole imprese e dei servizi, per i quali la protezione si riduceva a un'indennità di disoccupazione di appena 6 mesi, portata soltanto dal 1988 a un livello decente (sino al 30% dell'ultima retribuzione).

Nel 1991 alla durata della Cigs, estesa alle piccole imprese manifatturiere e a quelle commerciali di grandi dimensioni, è posto un termine massimo di quattro anni. Inoltre si prevede che per le imprese il ricorso alla Cigs diventi più oneroso. Per chi è destinato a non tornare più al lavoro sono ripristinati i licenziamenti collettivi. Ai licenziati spetta per 2-4 anni, a seconda dell'età e della provincia, un'indennità di mobilità, dapprima pari a quella di Cigs, poi decrescente. Sono inoltre previsti incentivi per le imprese che li assumono e interventi formativi per riqualificarli.

Tuttavia con la crisi economica del 1992 questa riforma è di fatto congelata da una lunga serie di deroghe o proroghe e la Cigs viene restituita al suo consueto ruolo assistenziale. Come negli anni Settanta, si giunge a trasformare dei licenziati in cassaintegrati, restaurando rapporti di lavoro ormai interrotti e imponendo un sia pur temporaneo e limitato blocco dei licenziamenti. Anche la mobilità «da posto a posto» ritorna in vita con il passaggio di qualche migliaio di cassaintegrati al pubblico impiego. Infine la «mobilità lunga» per i lavoratori più anziani nelle aree a più elevata disoccupazione e per alcuni settori industriali è prolungata sino a 5-10 anni e diventa di fatto un prepensionamento anticipato. Altre misure invece vanno pur debolmente in direzione di una maggiore equità: da un'ulteriore estensione dell'area delle imprese che possono accedere alla Cigs alla possibilità anche per i licenziati dalle piccole imprese di iscriversi alle liste di mobilità (pur senza aver diritto all'indennità) e di fruire degli sgravi per l'impresa che assume.

Anche il governo di centro-destra giunge a un'intesa con i sindacati, che prevede ulteriori proroghe della Cigs e della mobilità. Si tratta però delle ultime proroghe, perché è previsto che al loro scadere i lavoratori in mobilità siano destinati a lavori socialmente utili, cioè a lavorare su progetti preparati da enti pubblici. Nell'estate 1995 partono le prime «cartoline precetto» per 70mila lavoratori per cui è scaduta la mobilità. Solo chi accetta di svolgere i lavori socialmente utili continuerà a ricevere un sussidio, mentre per gli altri cessa ogni sostegno. Da allora anche le proroghe si diradano.

Ora sembra imminente una vera svolta, destinata infine a introdurre anche in Italia un trattamento eguale per tutti coloro che perdono il lavoro per la crisi dell'azienda. Nel quadro della riforma dello stato sociale si sta infatti discutendo di abolire la Cigs, di aumentare sia la durata sia l'importo dell'indennità di disoccupazione ordinaria e di introdurre forme di sostegno del reddito per chi ne ha bisogno. Con le procedure vincolistiche della Cigs cadrebbero anche gli alibi per le imprese, i sindacati e i soggetti pubblici, che sarebbero costretti a spostare la loro attenzione dal momento della perdita del lavoro a quello della prevenzione e dell'aiuto per trovare un altro lavoro.

Nei due accordi tra sindacati, Confindustria e governo del luglio 1992 e 1993 si parla anche di nuovi rapporti di lavoro flessibili. Poco dopo i contratti di formazione lavoro vengono sdoppiati in un tipo più formativo e in un altro, meno incentivato, di mero sostegno all'inserimento. Poiché l'età massima è portata a 32 anni, si può parlare soprattutto per il secondo tipo di un vero e proprio «contratto di ingresso», che consente un più lungo periodo di prova e un minore costo del lavoro. Successivi progetti di legge prevedono sia di allentare i vincoli legali per il lavoro a tempo determinato e a tempo parziale, sia di introdurre anche in Italia il lavoro interinale in una forma intermedia tra quella tedesca più restrittiva e quella francese più liberalizzata.

Politiche attive e servizi per l'impiego

Dunque ben poco è ormai rimasto del vecchio impianto rigido delle politiche del lavoro italiane, benché spesso ci si attardi in polemiche superate. Altrettanto errata è l'idea che l'Italia spenda troppo per le politiche del lavoro, anche se è vero che spende male e in modo iniquo.

Secondo l'Ocse l'Italia spende meno di tutti gli altri paesi europei, tranne Portogallo, Gran Bretagna e Grecia. Nell'ultimo decennio la spesa pubblica per le politiche del lavoro è salita dall'1,5% all'1,8% del prodotto interno lordo, ma la media europea è cresciuta dal 2,6% al 3%. L'Ocse non comprende la Cigs, ma il suo «costo» rispetto al prodotto interno lordo non superava lo 0,5% nella seconda metà degli anni Ottanta, quando era al massimo della diffusione, e si aggira intorno allo 0,35% nei primi anni Novanta. Benché le differenze risultino attenuate, la posizione dell'Italia non muta.

In particolare l'Italia spende poco per le politiche passive del lavoro, quelle dirette a sostenere il reddito delle persone prive di lavoro. Ciò smentisce una comune opinione, che si spiega con un difetto ottico: i pochi ben indennizzati in cassa integrazione sono molto visibili, mentre i molti senza lavoro e senza indennità non si vedono. Altri paesi non concentrano un'alta protezione su pochi, trascurando gli altri, ma concedono a tutti o quasi i disoccupati indennità di disoccupazione o sussidi familiari e quindi nel complesso spendono molto di più. Ma anche per le politiche attive, quelle dirette ad adeguare le caratteristiche professionali dei lavoratori, a favorire l'incontro tra domanda e offerta, a migliorare le opportunità di lavoro di chi si trova in una posizione di svantaggio, la spesa italiana è inferiore alla media europea.

In realtà quel che finora è mancato all'intervento pubblico italiano nel mercato del lavoro è la capacità di fornire servizi informativi, operativi e formativi ai lavoratori e alle imprese. È mancata cioè, come in altri campi, la capacità di seguire una politica promozionale, che miri non a imporre a lavoratori e imprese determinati comportamenti, ma ad aiutarli a risolvere i problemi che devono affrontare nei loro percorsi di ricerca e a sostenere chi si trovi in situazioni di debolezza con misure volte a migliorarne le risorse professionali e personali.

Diminuire i tempi di disoccupazione e di copertura dei posti di lavoro vacanti attraverso la diffusione di informazioni dettagliate sulle occasioni di lavoro e sui lavoratori in cerca di occupazione è il principale obiettivo assegnato all'intervento pubblico nei principali paesi europei. Garantendo un largo e gratuito accesso a queste informazioni, si mira a ridurre gli svantaggi dei soggetti meno dotati di risorse economiche e informative: le piccole imprese, che trovano troppo oneroso ricorrere a società di selezione del personale, e le fasce deboli dei lavoratori, che incontrano maggiori difficoltà nella ricerca di lavoro.

Tale attività contribuisce inoltre a favorire il passaggio dalla scuola al lavoro e a facilitare i processi di mobilità. La maggiore trasparenza del mercato del lavoro ha un ruolo strategico anche perché nei casi di sfasamento qualitativo tra domanda e offerta di lavoro può modificare le richieste delle imprese e le esigenze dei lavoratori rendendole più compatibili. Le concrete conoscenze acquisite in questi compiti consentono una più ampia attività di informazione e orientamento, poiché è possibile da un lato tenere informate le imprese sulle disponibilità di forza lavoro ai diversi livelli di qualificazione, e dall'altro orientare i giovani sui percorsi formativi più utili e indirizzare i corsi di formazione professionale secondo i reali bisogni del sistema produttivo.

Informazioni sulle caratteristiche e le disponibilità di chi cerca lavoro sono anche di grande utilità sia per attuare misure di politica del lavoro a favore delle fasce deboli, sia per la promozione dell'occupazione nelle aree ad alta disoccupazione, ove le scelte di investimento avranno un maggiore impatto sull'occupazione se troveranno una forza lavoro adeguata per competenze professionali. E dettagliate conoscenze sui posti di lavoro e sui lavoratori sono indispensabili per programmi di mobilità territoriale «guidata» dei lavoratori.

Perciò alle strutture pubbliche è richiesto di fornire veri e propri servizi sia ai lavoratori sia alle imprese. Nella letteratura internazionale per definire l'organizzazione attraverso la quale il soggetto pubblico interviene nel mercato del lavoro si usa il termine «servizi per l'impiego». E la loro missione ideale si compendia nelle seguenti funzioni.

a) Favorire l'incontro tra i lavoratori in cerca di occupazione e le imprese in cerca di lavoratori mediante la costruzione di banche dati informatiche, in cui inserire dettagliate informazioni raccolte grazie ad approfondite interviste ai lavoratori e a un'analisi delle richieste delle imprese diretta a farne emergere i reali bisogni. Tale funzione è essenziale in un mercato del lavoro in cui a una domanda di lavoro sofisticata, che richiede «l'uomo giusto al posto giusto», si oppone un'offerta sempre meno pronta ad accogliere la prima proposta di lavoro in cui si imbatte.

b) Diffondere informazioni sull'evoluzione del sistema delle professioni e sulle opportunità di lavoro, e svolgere un'azione di orientamento professionale per far emergere le attitudini personali e indicare le professioni nelle quali tali attitudini potranno avere maggiori probabilità di esprimersi.

c) Sostenere il ricollocamento dei lavoratori espulsi dai processi di ristrutturazione e aiutare il percorso di ricerca dei disoccupati di lunga durata attraverso interventi mirati di orientamento, formazione, rimotivazione psicologica, ricerca intensiva del lavoro, lavori temporanei presso enti pubblici.

d) Promuovere l'occupazione femminile non solo adattando tutti gli interventi alle donne lavoratrici, che hanno particolari problemi psicologici (di identità tra lavoro e famiglia), logistici (di mobilità casa-lavoro) e professionali (scarsa qualificazione), ma anche con misure specifiche volte, ad esempio, a sostenere il ritorno al lavoro dopo un periodo di inattività o a riqualificare percorsi formativi deboli.

e) Favorire l'inserimento dei portatori di handicap seguendo modelli promozionali fondati sul principio che un handicap psico-fisico spesso colpisce soltanto alcune funzioni vitali di un lavoratore. Perciò una selezione attitudinale, una formazione professionale mirata, una ricerca intensiva del lavoro adatto e un inserimento assistito possono consentire al portatore di handicap di raggiungere un livello di produttività non lontano da quello degli altri lavoratori.

Tali funzioni in un contesto di elevatissima disoccupazione quale quello meridionale sono secondarie rispetto alle misure dirette a sviluppare nuove attività produttive, ma non sono inutili. In un mercato del lavoro poco organizzato e trasparente la formazione professionale è spesso priva di ogni riscontro con le esigenze della domanda, per cui possono esservi paradossali carenze di lavoratori. Perciò sarebbero di grande utilità anche i servizi per agevolare l'incontro tra domanda e offerta, benché il loro funzionamento presenti rischi di eccessiva esposizione alle pressioni sociali. E le fasce deboli nel Mezzogiorno sono ancor più bisognose di misure di sostegno.

Pubblico e privato nel nuovo collocamento

La complementarità tra queste funzioni e le tradizionali attività di formazione professionale appare così evidente che in molti paesi si tende a integrare i diversi organismi deputati a svolgerli. Il modello classico di struttura integrata è quello tedesco, esemplare anche per altri tre aspetti. Il decentramento è un aspetto costitutivo di servizi per l'impiego che cerchino di rispondere ai bisogni dei propri «clienti», siano essi lavoratori o imprese. Ma l'esigenza di diversificarsi nel territorio è ancora maggiore quando vanno attuate politiche attive, che richiedono di mobilitare delle risorse economiche, sociali e istituzionali, necessariamente diverse per disponibilità e caratteristiche nelle varie realtà locali.

Quanto al ruolo delle parti sociali, gran parte delle misure «attive» implica comportamenti e disponibilità non consueti sia per le imprese, sia per i sindacati. Per le imprese si pensi all'ostilità a fornire informazioni sui posti di lavoro vacanti, alla diffidenza verso gli *stages* e ogni attività di formazione in collaborazione con strutture pubbliche. D'altro canto anche i sindacati sono diffidenti, poiché temono che tutto si risolva in sovvenzioni monetarie o in servizi per le imprese e sanno che ogni intervento promozionale comporta scelte che possono creare divisioni tra i lavoratori, se non ben compreso. È perciò opportuno che le parti sociali siano coinvolte sia nella fase di decisione che in quella di realizzazione.

Infine è essenziale il ricorso a personale professionalmente qualificato. Le varie misure possono essere attuate soltanto da operatori con competenze sociologiche, economiche, formative, psicologiche e tecnologiche, in grado non di applicare leggi e produrre atti amministrativi, ma di valutare posti di lavoro e capacità personali, elaborare piani di formazione e tirocinio, animare gruppi, offrire orientamento ai lavoratori e consulenze alle imprese, analizzare bisogni sociali e così via.

Esperimenti in questa direzione sono stati compiuti anche in Italia a livello locale, da quello pilota della provincia di Trento a quelli più recenti di Varese, Novara, Lecco, Parma. Ora si prospetta finalmente la possibilità di innovare in modo radicale l'intera organizzazione dell'intervento pubblico nel mercato del lavoro, ridefinendone compiti e strutture. Purtroppo il dibattito politico si è concentrato su un solo aspetto, quello del decentramento a livello locale, a regioni e province. Mentre scarsa attenzione è stata prestata al ruolo delle parti sociali e ancor minore alla nuova natura che dovrà assumere la presenza pubblica.

Più che su diatribe istituzionali, la vera partita dei nuovi servizi per l'impiego si giocherà sui criteri della loro gestione e sulla formazione di chi vi andrà a lavorare. Anche perché essi dovranno inevitabilmente competere con agenzie private di selezione e intermediazione di lavoratori, di cui è prossimo il riconoscimento legislativo.

In realtà in Italia il monopolio pubblico del collocamento è ormai più formale che reale. Da tempo è ampiamente tollerato che il mercato del lavoro dei quadri e dei tecnici sia controllato da società private di selezione del personale, i «cacciatori di teste». Peraltro nessun servizio pubblico sarebbe in grado di entrare in un'area che richiede prestazioni sofisticate e costose. Ma negli ultimi anni sia società private, sia organizzazioni imprenditoriali o ideologicamente connotate si sono dedicate ad attività di intermediazione anche per le fasce medio-basse. Tutto ciò avviene naturalmente senza alcun controllo sul piano della correttezza e della professionalità e non sono rari i casi di sfruttamento dei lavoratori.

Il riconoscimento di un'attività finora formalmente vietata consentirebbe di regolare un mercato sommerso e selvaggio. La concorrenza tra società private, soggette a controlli pubblici che ne certifichino professionalità e correttezza, e servizi pubblici per l'impiego potrebbe aumentare l'efficienza di entrambi a vantaggio dei lavoratori e delle imprese. E i servizi pubblici non sarebbero necessariamente in una posizione di svantaggio, perché gratuiti anche per le imprese e strettamente collegati con le strutture di formazione professionale.

Glossario

FORZE DI LAVORO O POPOLAZIONE ATTIVA. Sono costituite dalla somma degli occupati e delle persone in cerca di occupazione e sono la traduzione in termini statistici del concetto economico di OFFERTA DI LAVORO. Mentre gli occupati coincidono di fatto con la DOMANDA DI LAVORO.

INDAGINE SULLE FORZE DI LAVORO. Lo strumento principale con cui l'Istituto nazionale di statistica (Istat) stima numero e caratteristiche di occupati, disoccupati e persone non attive consiste in un questionario che quattro volte l'anno viene somministrato a un campione di famiglie da un intervistatore. Le domande e le definizioni seguono le indicazioni del Bureau International du Travail, e dal 1993 sono concordate con gli uffici statistici dei paesi dell'Unione europea, mentre prima erano un po' diversi. Perciò i valori delle persone in cerca di lavoro dal 1993 non possono essere confrontati con quelli degli anni precedenti.

MERCATO DEL LAVORO. Vi sono presenti le persone occupate o in cerca di occupazione, mentre ne sono esclusi gli inattivi. Si può rappresentarlo come una serie di laghi, più o meno grandi, ognuno collegato all'altro da fiumi immissari ed emissari. I «laghi» sono quelli degli occupati, delle persone in cerca di lavoro e delle diverse categorie di inattivi (i bambini sino a 15 anni, gli studenti, le casalinghe, i pensionati) e i «fiumi» vanno sempre in entrambe le direzioni, tranne quando lo vietano ovvie regole di età. Ad esempio il livello del «lago disoccupazione» aumenta o diminuisce a seconda che la somma dei licenziati o dei dimessi volontari che cercano un altro lavoro e dei giovani che si mettono in cerca della prima occupazione sia maggiore o minore alla somma di chi trova un lavoro, di chi rinuncia a cercarlo o si ritira in pensione. Perciò non è affatto certo che un aumento dell'occupazione riduca la disoccupazione. Può accadere infatti che aumentino sia gli occupati sia le persone in cerca di occupazione quando, come dal 1972 al 1992, l'offerta di lavoro è cresciuta moltissimo per l'ingresso delle nuove leve giovanili, e soprattutto per la sempre maggiore propensione al lavoro delle donne.

OCCUPATO. È chi svolge un lavoro al fine di trarne un guadagno. Sono considerate occupate sia le persone con un impiego salariato che sono al lavoro o comunque hanno un legame formale con il proprio impiego (e quindi anche i cassaintegrati), sia quelle (gli indipendenti) che svolgono un lavoro in vista di un profitto o di un guadagno della famiglia.

PERSONA IN CERCA DI OCCUPAZIONE. È chi, privo di un lavoro retribuito, lo ricerca attivamente. Nelle indagini sulle forze di lavoro, dal 1993 è considerato tale chi ha svolto negli ultimi trenta giorni almeno un'azione di ricerca, come la registrazione presso un ufficio di collocamento o il ricorso a segnalazioni di parenti e amici, mentre tale condizione non era richiesta in precedenza. Se ha perduto per qualunque motivo un precedente lavoro, si parla di DISOCCUPATO in senso stretto, altrimenti è IN CERCA DI PRIMA OCCUPAZIONE.

POPOLAZIONE NON ATTIVA O NON FORZE DI LAVORO. Ne fa parte chi non è né occupato, né in cerca di occupazione. Può essere in età non attiva (bambini e anziani) o in età attiva (studenti, casalinghe, ritirati dal lavoro e inabili dai 15 ai 70 anni).

POVERTÀ. È comunemente misurata in termini relativi. Si suole considerare povero chi ha una spesa mensile per consumi o un reddito che non supera la metà della media nazionale.

Tasso di attività. È il rapporto percentuale tra forze di lavoro e popolazione totale (tasso lordo) o soltanto in età attiva (tasso netto). Misura il grado di partecipazione al mercato del lavoro di una popolazione, cioè la sua propensione a cercare un lavoro, riesca o no a trovarlo. Tassi di attività specifici possono essere costruiti per genere, classi di età e livelli di istruzione. Ad esempio il tasso di attività delle donne da 20 a 25 anni è dato dal rapporto tra le donne di questa classe di età occupate o in cerca di lavoro e il totale delle donne da 20 a 25 anni. Mentre è praticamente sempre costante su livelli che sfiorano il 100% per i maschi in età adulta, il tasso di attività varia notevolmente nel tempo e nello spazio per le donne, i giovani e gli anziani. Perciò è la diversa presenza sul mercato del lavoro di questi gruppi, oltre ovviamente al loro diverso peso nella popolazione, a spiegare le differenze nei valori del tasso di attività totale, riferito cioè all'intera popolazione.

Tasso di disoccupazione. È il rapporto percentuale tra le persone in cerca di occupazione e le forze di lavoro e indica quanti non trovano lavoro ogni cento che lo cercano. Anche il tasso di disoccupazione può esser calcolato per specifiche fasce di forza lavoro, diverse per genere, età e livello di istruzione. Ad esempio il tasso di disoccupazione dei maschi diplomati da 19 a 24 anni è dato dal rapporto tra le persone in cerca di lavoro con queste caratteristiche di genere, sesso e istruzione e la somma degli occupati e delle persone in cerca di lavoro con le stesse caratteristiche personali.

Tasso di occupazione. È il rapporto percentuale tra occupati e popolazione totale (tasso lordo) o in età attiva (tasso netto) e costituisce un indicatore non soltanto del livello della domanda di lavoro, ma anche del grado di benessere economico, poiché il rapporto inverso, riferito alla popolazione totale, misura il numero di persone a carico per ogni lavoratore occupato. Anche il tasso di occupazione può essere calcolato per maschi e femmine e specifici gruppi di età.

UFFICI DI COLLOCAMENTO O DEL LAVORO. È la struttura locale del ministero del Lavoro presso le cui liste si iscrive chi è in cerca di lavoro. In passato avviava al lavoro i «primi» delle liste rispondendo alle richieste numeriche delle imprese, ora si limita a registrare *a posteriori* le assunzioni ed è destinata a scomparire con l'imminente riforma.

Per saperne di più

Tra le opere di riferimento generale segnaliamo il volume curato da A. Bagnasco, *La costruzione sociale del mercato*, Bologna, Il Mulino, 1988; oppure G. Altieri (a cura di), *Tra Nord e Sud. Lavoro, disoccupazione, immigrazione: l'esperienza italiana negli anni Ottanta*, Roma, Ediesse, 1991. Utili sono anche M. Paci, *Il mutamento della struttura sociale in Italia*, Bologna, Il Mulino, 1992; *Le dimensioni della diseguaglianza*, Bologna, Il Mulino, 1993, curato dallo stesso autore; e M. Bruni e L. De Luca, *Flessibilità e disoccupazione: il caso Italia*, Roma, Ediesse, 1994. Infine, rimando anche al mio *Sociologia del mercato del lavoro*, Bologna, Il Mulino, 1996.

Chi volesse approfondire le tematiche relative al lavoro femminile veda invece L. Abburrà, *L'occupazione femminile dal declino alla crescita*, Torino, Rosenberg & Sellier, 1989.

All'interno della letteratura specifica sulla disoccupazione si vedano A. Accornero e F. Carmignani, *I paradossi della disoccupazione*, Bologna, Il Mulino, 1986; M. De Polo e G. Sarchielli, *Psicologia della disoccupazione*, Bologna, Il Mulino, 1987; P. Calza Bini (a cura di), *La disoccupazione. Interpretazioni e punti di vista*, Napoli, Liguori, 1992; E. Pugliese, *Sociologia della disoccupazione*, Bologna, Il Mulino, 1993.

Le politiche del lavoro sono invece al centro del volume di E. Zucchetti (a cura di), *Politica del lavoro e dimensione locale*, Milano, Angeli, 1996.

Finito di stampare nel mese di aprile 1997
dalla Litosei, via Bellini 22/4, Rastignano, Bologna